本书由2018年山东省高校人文社科项目"税负变动视角下的□□□□为研究"（J18RA110）、2020年度山东建筑大学博士基金项□□□□整和税收征管对企业成本粘性的影响及作用机制研究"资助出□

企业所得税对成本粘性的
影响问题研究

张玉华◎著

Study on
The Relationship between Tax Reform and
Enterprise Cost Stickiness

经济管理出版社
ECONOMY & MANAGEMENT PUBLISHING HOUSE

图书在版编目（CIP）数据

企业所得税对成本粘性的影响问题研究/张玉华著 . —北京：经济管理出版社，2021.4
ISBN 978 - 7 - 5096 - 7916 - 6

Ⅰ. ①企…　Ⅱ. ①张…　Ⅲ. ①企业所得税—成本管理—研究—中国—2007　Ⅳ. ①F812. 424

中国版本图书馆 CIP 数据核字（2021）第 064469 号

组稿编辑：魏晨红
责任编辑：魏晨红
责任印制：黄章平
责任校对：董杉珊

出版发行：经济管理出版社
　　　　　（北京市海淀区北蜂窝 8 号中雅大厦 A 座 11 层　100038）
网　　址：www. E - mp. com. cn
电　　话：(010) 51915602
印　　刷：唐山玺诚印务有限公司
经　　销：新华书店
开　　本：720mm × 1000mm/16
印　　张：12. 5
字　　数：189 千字
版　　次：2021 年 7 月第 1 版　　2021 年 7 月第 1 次印刷
书　　号：ISBN 978 - 7 - 5096 - 7916 - 6
定　　价：68. 00 元

前　言

当前我国全面实施减税降费政策，迫切要求实务界和理论界解决税收改革经济效应的评估问题。自 2004 年我国实施减税型税收改革以来，政府先后进行了企业所得税改革、"营改增"改革等，运用税收的宏观调节作用，改善市场资源配置效率，降低企业运营成本，提升企业经营活力。直观来讲，企业所得税改革将以税率和税收抵扣项目调整为主要形式，期望通过减税的方式来降低企业税负，直接降低企业成本，并引导企业为培育新型利润源泉而优化资源配置，进而实现改善企业经营绩效的工作方向。然而，这种线性逻辑关系是否成立？减税降费是否确切地降低了企业运营成本？减税降费是否引导企业进行了资源优化配置？是否有利于企业改善绩效？上述问题是评估减税降费政策经济效应的基本内容。基于此，运用我国企业所得税改革进程中的重大事件，以税收改革对企业成本管理的影响为主题，主要研究两个问题：一是在实务层面上，从企业成本管理和经营绩效的角度，分析企业所得税改革经济效应的直接表现，即企业所得税改革对企业成本结构和经营绩效的影响如何；二是从理论层面上，研究企业所得税改革影响企业成本管理的理论依据、作用机制和作用路径，分析税收改革对企业资源配置的影响将如何作用于其经营绩效。

为完成上述研究目标，本书在借鉴国内外文献、梳理我国企业所得税改革进程的基础上，结合我国企业所得税改革的实际，以税收改革在企业成本管理和经营绩效方面的经济效应分析为内容，以成本粘性计量指标为抓手，详细分析和检验企业所得税改革中名义税率调整对企业成本管理和经营绩效的影响；在此基础上以代理理论、税收理论和经济学理论为依据，结合成本粘性归因研究和经济后果理论成果，运用固定效应回归、结构方程和主成分分析法等实证研究方法，构建多元回归和联立方程模型，探讨企业所得税改革经济效应的形成机理和作用路径，并以成本粘性为中介变量，运用中介效应检验方法，实证研究企业所得税改革是否会通过影响企业资源配置情况进而导致经营活力发生变化，从而以"企业所得税如何改革—企业所得税改革的直接经济效果（成本管理）—企业所得税改革的间接经济效果（企业绩效）"为逻辑，构建一个较为完整的研究企业所得税改革影响成本粘性的分析框架。

本书以2007年颁发《中华人民共和国企业所得税法》为例，综合我国企业所得税改革中2001年取消地方政府的《先征后返》政策这一重大事件，选用2002～2012年样本数据进行研究发现：①我国企业所得税名义税率和税收征管强度呈现"此消彼长"的同步变化组合形式，即"高名义税率＋低强度征管"组合和"低名义税率＋高强度征管"组合交替出现。②从成本构成方面判断，企业所得税改革对企业资源配置的影响是明显的，2007年《企业所得税法》中就员工薪酬和营销费用的抵扣政策进行了调整，导致企业销售费用和员工薪酬在总成本中的占比不断攀升，符合税收改革调节预期。③对企业所得税名义税率进行调整会影响企业自由现金流的充裕程度，进而抑制或增强企业代理问题，从而影响企业资源配置效率。上调名义税率可减少"冗余资源"，抑制成本粘性水平。④成本粘性水平与企业绩效存在负相关关系，即成本粘性水平越高，一般意味着资源配置中的"冗余"资源越多，企业绩效越低。⑤企业所得税名义税率显著地影响企业绩效。基于成本粘性的中介效应研究发现，销管费用粘性在企业所得税税率和企业绩效相关关系中发挥了中介效应，即提高名义税率有利于抑制企业销管费用粘性水平，继而有利于改善企业经营绩效。

最后，结合研究发现和相关文献研究成果从企业管理、税收管理和投资管理的角度分别提供了研究启示和政策建议。

目　录

1　导论 ……………………………………………………………………… 1

　　1.1　研究背景与问题 ………………………………………………… 2

　　1.2　研究思路、内容和框架 ………………………………………… 6

　　　　1.2.1　研究思路 ………………………………………………… 6

　　　　1.2.2　研究内容与框架 ………………………………………… 7

　　　　1.2.3　研究改进与创新 ………………………………………… 9

2　企业所得税改革与成本粘性文献综述 ……………………………… 11

　　2.1　成本粘性研究评述 ……………………………………………… 11

　　　　2.1.1　成本粘性的由来与特征 ………………………………… 11

　　　　2.1.2　成本粘性的成因分析 …………………………………… 13

　　　　2.1.3　成本粘性的经济后果研究 ……………………………… 26

　　　　2.1.4　成本粘性的计量 ………………………………………… 28

　　2.2　企业所得税改革相关文献评述 ………………………………… 29

　　　　2.2.1　企业所得税改革下的名义税率调整研究 ……………… 30

　　　　2.2.2　企业所得税改革下的应税抵扣项目调整研究 ………… 31

　　　　2.2.3　企业所得税改革下的税收征管问题研究 ……………… 36

2.3 避税活动下的代理问题文献综述 …………………… 37

    2.3.1 避税活动与代理问题研究评述 ………………… 37

    2.3.2 税收的公司治理作用研究评述 ………………… 40

2.4 本章小结 …………………………………………… 41

3 我国企业所得税改革与实施分析 …………………… 43

3.1 我国企业所得税改革进程分析 …………………… 43

    3.1.1 名义税率方面 ………………………………… 45

    3.1.2 企业所得税可抵扣项目方面 ………………… 48

    3.1.3 税收征管方面 ………………………………… 51

3.2 我国企业所得税改革实施情况分析 ……………… 55

    3.2.1 我国上市公司企业所得税名义税率与实际税率情况 … 55

    3.2.2 企业所得税改革期间上市公司成本结构分析 ……… 60

    3.2.3 各地区税收征管强度 ………………………… 65

3.3 基于企业所得税改革的上市公司避税活动分析 ……… 68

    3.3.1 上市公司避税活动的计量 …………………… 69

    3.3.2 企业所得税改革下上市公司避税活动情况分析 …… 71

3.4 本章小结 …………………………………………… 72

4 税率调整与成本粘性关系研究 ……………………… 74

4.1 引言 ………………………………………………… 75

4.2 文献综述和理论分析 ……………………………… 76

    4.2.1 不同视角下企业所得税名义税率调整对在职消费和投资

        活动的作用分析 ……………………………… 77

    4.2.2 投资活动和在职消费对成本粘性的影响 ……… 80

4.3 研究设计与描述统计 ……………………………… 81

    4.3.1 检验模型与变量设计 ………………………… 81

4.3.2 样本选择与数据来源 ·························· 84

4.3.3 描述统计 ···································· 85

4.4 实证检验与分析 ···································· 88

4.4.1 实证结果分析 ································ 88

4.4.2 稳健性检验 ·································· 95

4.5 进一步分析：企业所得税税率影响成本粘性的作用路径研究 ······ 105

4.5.1 中介效应检验研究设计 ······················ 106

4.5.2 样本选择与描述统计 ························ 109

4.5.3 实证结果分析 ······························ 111

4.6 本章小结 ·· 116

5 基于税收改革的成本粘性经济后果分析 ················ 118

5.1 成本粘性对企业绩效的影响研究 ····················· 118

5.1.1 理论回顾与研究假设 ························ 118

5.1.2 研究设计与变量选择 ························ 120

5.1.3 样本选择与描述统计 ························ 121

5.1.4 实证结果 ·································· 122

5.1.5 研究结论 ·································· 130

5.2 企业所得税名义税率对企业绩效的影响

——基于成本粘性的中介效应检验 ·················· 135

5.2.1 引言 ······································ 135

5.2.2 文献分析与研究假设 ························ 136

5.2.3 研究设计与变量选择 ························ 140

5.2.4 样本选择与描述统计 ························ 142

5.2.5 实证结果与分析 ···························· 144

5.2.6 稳健性检验 ································ 148

5.2.7 小节研究结论与启示 ························ 152

6 研究结论与启示 ·· 155

  6.1 主要研究结论 ··· 155

    6.1.1 基于企业所得税改革的企业避税与资源配置情况 ·········· 155

    6.1.2 企业所得税名义税率调整与成本粘性相关性研究结论 ······ 156

    6.1.3 成本粘性与企业绩效相关性研究结论 ··················· 157

    6.1.4 企业所得税改革影响公司经营绩效的研究结论 ··········· 158

  6.2 研究启示与政策建议 ··· 160

    6.2.1 对企业管理的启示与建议 ··························· 160

    6.2.2 对税收征缴与监管部门的启示与政策建议 ··············· 161

    6.2.3 对上市公司投资者的启示 ··························· 163

  6.3 研究不足和未来研究方向 ······································ 164

    6.3.1 研究不足 ·· 164

    6.3.2 未来研究方向 ···································· 165

参考文献 ·· 167

附录 税收改革相关法律法规 ··································· 188

致 谢 ··· 190

1 导论

　　2017 年 3 月 5 日第十二届全国人民代表大会第五次会议上，国务院总理李克强在《2017 年政府工作报告》中指出，政府要通过"减税降费"多措并举的方式降低企业成本，减轻企业负担。这是我国减税型税制改革以来，国家明确以提升企业经营活力为导向，利用税负资源的调节作用，进行的重大财政政策调整。降低成本进而改善企业经营活力，是此次减税降费政策的主要目的，是为实现经济供给侧结构性改革而提出的配套性政策之一。

　　成本管理是企业向内部管理要效益的重要渠道。成本粘性是揭示企业成本管理行为和管理效率的公认途径和方式。当前，我国实施减税降费政策时，提出的政策效应路径之一是降低企业成本。那么，减税降费在降低企业成本的过程中，是否有利于成本管理效率的改善呢？政策执行后是否有效提升了企业经营绩效？进而增强了企业经营活力呢？这些问题既是从微观层面评估减税降费政策实施效果的重要内容，也是从企业成本管理效率角度，进行归因分析的重要课题。综合现有研究成果分析可知，部分文献研究了税收改革下企业实际税负随收入变动的粘性现象，但围绕税收改革与成本粘性关系的研究非常少，进一步针对税收改革、成本粘性和企业绩效关系的研究更是非常匮乏。鉴于目前我国经济发展放缓背景下，企业向内部管理要效益的必要性，全面实施减税经费政策背景下，评估政策实施效果的迫切性，以及有针对性的研究成果的欠缺性，本书以我国 2007 年企业所得税改革为例，从企业所得税改革中的税率调整切入，深入系统地研究企业所得税税收改革对企业成本粘性和经营绩效的影响。

在导论部分的内容安排上，首先，介绍全书的研究背景，阐述研究的主要问题和主要内容。其次，构建全书研究思路内容和框架体系，明确本研究对企业成本管理和评估税收改革实施效果的意义。最后，提出本书研究创新与不足，并为税收改革利益相关者提供决策建议。

1.1　研究背景与问题

20 世纪 90 年代以来，我国为了顺利适应和推动社会主义市场经济体制的发展，在税收方面陆续进行了多次重大调整和改革。一方面，通过不断规范化管理税收征管工作，提高税收征管业务技术水平和工作能力，保障了国家财政收入的相对稳定和提升；另一方面，先后运用"结构性减税"和"全面减税降费"的财政政策，利用税率和税前抵扣调整，全方位多元化地支持企业发展。尤其自经济供给侧结构性改革以来，"全面减税降费"鲜明地提出要通过税收政策调整降低企业成本，进而改善企业经营活力（简称"减税降费提活力"）[1]。

我国于 1994 年推出了具有重大历史意义的分税制改革，在税收领域分设国税和地税两个机构，并开发了"金税工程（第一期）"。此后，在 2001 年前后进一步规范了税收的国家集中征收权，先后取缔地方政府"先征后返"的地方性税收竞争优惠政策，进一步修订《税收征管法》，进行了税收分享体制改革，并开始运行"金税工程（第二期）"税收管理系统等。2007 年，取消外资企业和国内企业所得税税率差异，颁发《中华人民共和国企业所得税法》，统一企业所得税税率至 25%，规范税收优惠实施范围，进一步对研发、工资等税前抵扣项目进行了调整，并自 2008 年起全面实施。同年，"金税工程（第三期）"项目正式

---

① 让减税降费来得更猛烈些 ［N］. 第一财经日报，2014 – 10 – 09.

启动。自 2013 年开始，全面推广"金税工程（第三期）"税收管理信息系统，并在全国试点推广"营改增"工作，2016 年 5 月 1 日，"营改增"在全国全面实施。随后，在 2018 年 7 月，我国税务管理部门先后在全国多省逐步完成了省、市（州）、县、乡四级税务管理机构的合并工作，并有序完成相应的摘牌和挂牌工作，标志着我国的国税部门和地税部门在历经 24 年的并行运行后，再度回归"两税合一"的税收征管模式。

通过上述对我国 1994 年以来重大税收改革事项的梳理可知，国家在规范税收管理和利用税收调节方面日渐成熟，尤其是 2007 年《企业所得税法》的颁发和实施，具有典型的"全面减税和针对特定行业扶持性减税"的特征，为研究减税降费政策实施效果提供了优良的自然实验场所。并且，因为此次改革从准备实施到改革落地，比较全面地涵盖了税率调整、税收征管和税前抵扣等多种税改措施，且改革期间其他税种的变动较小，是非常理想且天然的自然实验场所。所以，特将研究对象进一步锁定为以 2007 年企业所得税改革为例。其中，早在 2001 年前后取消地方政府的"先征后返"工作，是从税收征管规范性的角度所做的重大规范性管理，对 2007 年企业所得税改革具有重要意义，本书将其视为 2007 年企业所得税改革的必要环节，将其纳入研究范围内。

传统经济学理论从税收和投资的关系出发，认为税收具有"收入效应"和"替代效应"，不同策略的税收改革会通过"收入效应"或"替代效应"影响企业的投资行为，并从长远角度影响企业的成本行为和可持续发展。自 20 世纪 70 年代兴起的供给经济学派，尤其推崇减税对宏观经济发展的推动作用，认为减税是激发社会供给、进而以供给推动经济发展的主要动力之一，而且，部分税收政策可以作为补偿和推动宏观经济中，具有外部性特征经济行为的有效手段（Lin J. Y.，2009，2010），如研发等。成本效益观认为，企业中某些成本的支出是为了获得更大的收益（戈飞平，1999），减少成本并不必然会改善企业绩效。"税盾价值"观点认为，成本具有抵税作用，所以在很多决策中，成本不仅是取得最终收益的基础，也可以通过抵税作用，进而提升成本扩张的收益获取能力

（Modigliani and Miller，1963）。所以，基于企业避税活动的成本收益权衡，税收改革会影响企业的管理决策（Baxter，1967），如资本结构决策等。一般税收理论认为，税收改革是影响企业避税活动的直接因素，而且企业的避税活动通常能够给公司创造价值。然而，有学者认为，避税活动并不必然能够给公司创造价值，而只有在治理结构相对完善的前提下，避税活动才有助于提升企业价值，否则，避税的代理问题产生的价值损耗，可能会大于避税收益（Desai and Dhammpala，2009）。由此，围绕避税活动产生的代理问题，逐渐兴起并形成避税代理观学说，并且，该观点在近年来已日渐成为研究税收改革和企业价值关系的重要理论之一。另外，Desai 等（2007）提出："政府因为通过现金流征税的方式参与到各个企业的利润分配中，所以，其几乎都能作为各个企业的小股东代表，但是政府的这一'股东'身份和利润分配行为，在现代标准化的公司治理研究框架体系中并没有体现。"该观点意在将政府税收管理工作纳入公司治理体系，以多方面的观测政府税收行为的经济效应。受此启发，后续有关企业研发、固定资产加速折旧、捐赠等特殊优惠税收政策的文献研究，针对税收到底是发挥了激励作用还是税盾作用展开了更多的探索。即税收改革对企业的投资、融资和经营管理等方方面面都会产生影响，但当前着眼于企业成本管理方面的研究偏少。这可能与长期以来成本管理计量指标的难以提取有关系。在这方面，"成本粘性"概念的提出，为揭示企业成本管理"黑箱"提供了良好的路径（ABJ，2003），也为研究税收改革对企业成本管理的影响提供了路径。即便如此，税收改革对企业成本管理的研究依然比较零散，缺乏系统性分析和研究，且大多集中在基于税盾价值的税改效应分析方面，缺少税收和企业成本类资源配置相关性关系的直接研究，且针对税收改革和成本管理效率、企业绩效之间的关系分析很少，也缺乏充分的理论依据和作用机制分析。鉴于我国"减税降费"政策的大力推广，尽快开展有关税收改革和企业成本管理（成本粘性）的理论和实证研究，无论是对于深入了解和认识"减税降费"的政策执行效应，发现税收改革对企业成本管理的作用机制，还是从成本粘性角度对税收因素进行归因分析，填补该领域系统研究的空白，都具有十分重要的意义。

综合我国企业所得税改革的发展历程和当前有关成本粘性研究的成果，全文主要从理论和作用机制上回答以下四大基本问题：

（1）我国企业所得税改革分别采取了哪些税收方式的改革和调整？具体调整措施是什么？

（2）企业所得税改革降成本的效果如何？具体来说，企业所得税改革是否影响了企业的成本收入占比和成本结构？尤其在成本粘性方面，企业所得税改革对成本粘性的影响程度有多大？其理论依据和作用机制是什么？

（3）企业所得税改革对企业经营绩效的影响效果如何？

（4）成本粘性在企业所得税改革和经营绩效的关系中间发挥了什么作用？其理论依据是什么？具体的作用效果如何？

针对以上问题，本书综合梳理并借鉴国内外相关研究文献，结合我国近三十年来企业所得税改革的进展情况，首先，从税收的收入与替代效应理论与避税活动相关理论的角度，分析企业所得税改革对成本粘性的影响及其作用机制，运用固定效应和结构方程方法，对税率调整与企业各类成本粘性的关系开展实证研究；其次，分析企业所得税改革背景下，成本粘性对企业经营绩效的影响，并利用中介效应方法对成本粘性路径下的企业所得税改革与企业经营绩效关系进行实证分析。上述问题的回答和研究，不仅为我国利用税收政策调节企业经营活力提供作用机制分析和理论基础，同时，从成本粘性的归因分析角度，有助于充分揭示税收改革影响企业成本管理的作用机制，便于人们从税改的角度去观测其对成本管理的影响，尤其是透过成本粘性形成机理，分析企业的成本管理效率，以及成本粘性对企业绩效的作用后果，从而能够全面地评估税收改革对企业成本管理的直接作用，以及对企业绩效的间接作用，为理论研究和实践应用提供支持和借鉴。

1.2 研究思路、内容和框架

1.2.1 研究思路

本书从分析我国企业所得税改革的发展历程入手，研究我国企业所得税改革的实践背景，并根据我国企业所得税改革的主要内容，将其区分为税率调整、税收征管调整和税前抵扣项调整三个层面，结合各个相关环节发展历程的梳理，分析企业所得税改革下我国企业所得税名义税率、地区税收征管强度的发展趋势。同时，以一般税收理论和避税理论为基础，主要从企业避税活动以及避税路径等角度，引申出企业所得税改革和企业成本管理的关系问题，利用成本粘性指标，研究企业所得税改革和成本粘性关系，运用规范研究和实证分析方法，分析和检验企业所得税改革对企业成本粘性的影响效果和作用机制、作用路径。随后考察成本粘性对企业绩效的影响，运用中介效应模型，分析基于成本粘性路径下企业所得税改革对企业绩效的作用，以完成"减税降费提活力"的全面理论分析和实证检验。上述内容存在着紧密的逻辑关系：第一部分从我国社会主义市场经济发展需求的视角，总揽性地分析我国企业所得税改革的历程；第二部分是关于企业所得税税收改革主要方式的总结与梳理，并为第三部分研究提供解释变量；第三部分是企业所得税改革对成本粘性的作用机制分析和影响路径探究，是对"企业所得税改革为什么影响成本管理"的有效解释；第四部分主要研究基于企业所得税改革的企业绩效评估，以及基于成本粘性路径的企业所得税改革对企业绩效的影响研究，属于"企业所得税改革影响企业成本管理后产生的经济后果"的内容。四部分内容之间层层递进，构成了本书关于企业所得税改革对成本管理研究的完整思路，如图1-1所示。

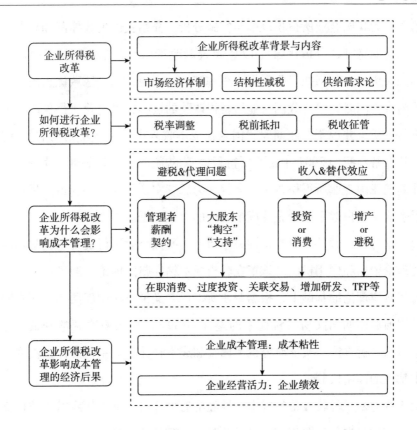

图 1-1　研究思路

1.2.2　研究内容与框架

全书共六章，每章的主要研究内容介绍如下：

第 1 章为导论。涵盖的内容主要包括研究背景、研究主题和思路，并利用全书框架和研究思路展示主要研究逻辑和内容分布，是对全书的简要概述。

第 2 章为企业所得税改革与成本粘性文献综述。包括当前有关成本粘性归因分析和经济后果研究、税收改革下税率调整、税前抵扣项和税收征管强度调整的理论分析和经济后果研究两大方面的文献评述，并以代理问题为媒介，重点梳理企业避税代理观和成本粘性代理观的相关研究，尝试发现企业所得税改革和成本粘性之间的逻辑关系。

第 3 章为我国企业所得税改革与实施分析。介绍我国税收体制和企业所得税税率多元化的特征，分析我国自 1994 年税制改革以来，企业所得税改革的重大事件和相关历程，包括在税收征管、税率统一、征税技术、区域优惠向行业优惠转变等内容。同时，结合我国企业所得税改革的进程，对企业所得税改革的相关数据进行分析，并说明在此期间我国企业成本收入占比和成本结构的发展趋势。该内容意在解释我国 2007 年企业所得税改革的前期准备工作和后续进展，体现了在此期间我国企业所得税改革的全貌，为后续实证研究提供变量选择依据，并提供了企业所得税改革影响企业成本管理的直接证据。

第 4 章为税率调整与成本粘性关系研究。研究企业所得税税率调整影响成本粘性的理论依据和作用机制。该章在分析成本粘性归因理论、避税代理观和税收收入替代效应理论的基础上，根据企业所得税名义税率在相邻两期有所不同的特征，使用前后两期名义所得税税率的差（ΔRATE）作为税率调整变量，采用固定效应回归分析方法，实证研究税率调整和成本粘性的关系，并探索税率调整影响成本粘性的作用机制。

第 5 章为基于税收改革的成本粘性经济后果分析。不论从我国"减税降费提活力"的实践导向，还是以成本粘性为核心的理论完整性上，从成因角度分析企业所得税改革对成本粘性的影响之后，论证成本粘性中介效应下企业所得税改革对企业绩效的作用都是必要的。根据 Weiss（2010）模型度量企业的成本粘性水平，并借此将成本粘性指标纳入解释变量范畴，采用随机效应和固定效应回归方法研究其对企业绩效的影响。同时，依托成本粘性的路径效应，运用中介效应研究方法，分析并验证企业所得税改革对企业绩效的影响，据以考察企业所得税改革对企业经营活力的改善效率，并发现相应的理论支撑和作用机制。

第 6 章为研究结论与启示，包括主要研究结论、研究启示、研究不足和对未来研究方向和相关问题的看法。

全书的研究框架如图 1 - 2 所示。

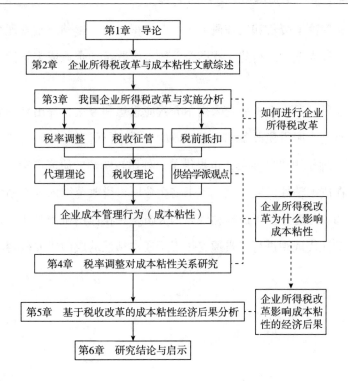

图 1－2 研究框架

1.2.3 研究改进与创新

税收改革对企业成本管理行为和效率的影响，对当前学术研究领域来说是一个复杂且又极具实践价值的研究课题，由于当前相关研究的匮乏，对该问题的解释尚没有非常严谨的理论依据，也缺乏系统全面的研究。这使得本研究面临极大的挑战，也具有较大的研究空间。对此，本书在借鉴现有研究成果的基础上，综合代理理论、经济学理论和税收理论等，从分析企业所得税改革导致企业避税活动、代理问题、投资消费效应等方面入手，结合成本粘性归因、经济后果理论分析，系统全面地围绕"企业所得税改革—成本粘性—企业绩效"的研究逻辑开展研究。研究改进或创新之处主要有以下三点：

首先，依次且全面地分析了企业所得税改革对企业成本结构和成本粘性的直接作用，并从理论上分析和实证研究了企业所得税改革影响成本管理行为的作用机制和路径，较为全面地构建了我国企业所得税改革和企业成本管理行为关系的研究框架。

其次，在研究逻辑上，率先采用中介效应思想和方法，提出利用成本粘性的中介作用，对企业所得税改革和企业绩效的关系进行研究，从而为"减税降费提活力"提供一种作用机制参考，也提供了一种比较新颖的研究逻辑。

最后，在成本粘性研究领域，本书将企业所得税改革纳入成本粘性归因要素中，从税率调整角度进行了成本粘性归因分析，并在作用机制分析中，将避税代理观和成本粘性代理观进行了贯通，拓展了成本粘性的成因研究范畴。

2 企业所得税改革与成本粘性文献综述

2.1 成本粘性研究评述

2.1.1 成本粘性的由来与特征

2.1.1.1 成本粘性的由来

在成本习性研究中，成本根据习性可分为固定成本、变动成本和混合成本，其中固定成本和变动成本是成本习性的本质特征。早期的成本习性论文研究中，部分观点认为，变动成本与企业当期业务量之间存在正比例变化关系，即业务量上升导致一定比例的变动成本上升，业务量下降也会导致一定比例的变动成本下降。成本习性的这一传统模型意味着，管理者的决策对成本和业务量之间的关系不发挥明显的作用，管理者也不会对成本进行积极的管理（江伟和胡玉明，2011）。对此，有学者提出了质疑，认为成本习性模型与现实中的成本管理行为存在差异（Noreen and Soderstrom，1997）。现实中，受管理者能力和动机等不同因素的影响，导致除了业务量变动幅度对企业成本具有重要影响之外，企业业务量的变动方向也会影响企业成本变动情况。具体来说，成本随着业务量上升而上升的幅度不等于成本随业务量下降而下降的幅度，呈现出不对称的特征，理论界将企业成本管理中的这种不对称现象命名为成本粘性（Cost Stickiness）。

ABJ（2003）根据销管费用（SG&A）与销售收入的关系，最早研究了成本粘性现象，他们发现：当销售收入增加1%时，企业的销管费用能增加0.55%，但当销售收入降低1%的时候，销管费用只下降0.35%，这种不对称变动行为说明企业存在销管费用粘性。此后，相关研究按照ABJ（2003）的思路扩展了研究范围，分析了销管费用（SG&A）、营业成本（Cost of Goods Sold，CGS）和总成本（TOTAL＝SG&A＋CGS）三个项目的粘性，同时结合行业特征、企业特征等分析其成因，开拓了成本粘性的研究思路（Weidenmier and Subramaniam，2003），并且发现，企业的成本不仅具有粘性特征，有的还会表现出反粘性（Cost anti－Stickiness）特征，即成本随销售收入下降时减少的速度大于随销售收入上升时增加的速度。例如，Weiss（2010）发现在研究样本中有43%的公司没有出现成本粘性，而是出现了成本反粘性现象。

成本粘性和反粘性是对传统成本习性分析的直接挑战，也是揭示企业成本管理行为的重要窗口。长期以来，由于成本管理研究数据的可得性和便利性相对困难，因此，成本管理研究进展相对落后于财务会计和公司财务。当前，成本粘性为揭示企业经营模式、管理者行为和外部经济环境等对成本管理的影响提供了途径，并逐渐成为成本管理研究的重要内容和方向。随后涌现的大量成本粘性问题研究文献，分别就总成本粘性、营业成本粘性、销售费用粘性、管理费用粘性、财务费用粘性、销管费用粘性等进行了研究。

2.1.1.2 成本粘性的特征

大量研究证明，成本粘性具有普遍性、反转性和差异性等特征。

（1）成本粘性的普遍性分析。企业成本粘性被认为是一种普遍存在的现象（ABJ，2003）。例如，销管费用粘性方面的研究发现，我国上市公司中销管费用在营业收入增长1%的时候会增长0.5597%，但在营业收入下降1%的时候只减少0.0578%，存在销管费用粘性现象；并且，中国上市公司向下调整费用的速度比美国公司要慢许多，这可能与中国企业管理水平的低下和经理层代理成本的高昂有关（孙铮和刘浩，2004）。另外，我国上市公司也普遍存在营业成本粘性现象，具体实证结果表明，营业成本在营业收入上升1%时主要增加大约1.04%，而在营业收入降低1%时只能减少大约0.91%（孔玉生等，2007）。

（2）成本粘性具有反转性。虽然具体到每一期，企业的成本粘性具有普遍性，但在跨期分析下，成本粘性随着时间的延长会逐渐降低，甚至消失（Banker et al.，2011）。在我国，销管费用粘性和营业成本粘性也具有反转性，随着时间跨期粘性水平逐渐降低或者消失（孙铮和刘浩，2004；孔玉生等，2007）。这一现象说明：在长期来看，管理者能够对营业收入和成本的变化进行更准确的评估和调整决策。

（3）成本粘性在不同行业和不同属性的公司里表现不同。不同行业的公司，因为资产模式和雇员数量的差异等，其成本粘性不完全相同（ABJ，2003）。中国上市公司因行业和公司属性的差异，营业成本粘性水平也有所不同，资本密集型和劳动密集型公司的成本粘性水平普遍较高（孔玉生等，2007）。

在对企业成本粘性的存在性取得共识的基础上，对成本粘性的成因和经济后果方面进行了深入的研究，且以实证研究为主，对成本粘性进行计量时，大都采用ABJ（2003）或者Weiss（2010）的研究模型和思路。

2.1.2　成本粘性的成因分析

成本粘性研究一般分为营业成本、期间费用和总成本三大类成本粘性，其中营业成本粘性主要考察投资、生产等环节，由于固定成本占比不同而导致的成本与收入之间同向变动的不对称性；期间费用粘性通常用管理费用、销售费用以及两者之和（简称销管费用，SG&A）随收入波动的不同步性表示，主要考察管理行为和营销活动等导致的费用随营业收入变动下的不对称性。现有研究普遍认为成本粘性的成因有以下三种：

2.1.2.1　基于调整成本的契约观

企业为了维持运营的持续性，经常会与各利益方签订长期或者短期契约，其中，长期契约往往成为制约企业"掉头"的重要因素。这是因为，解除长期契约会造成巨大的调整成本，从而导致管理者在进行相应决策时保持谨慎态度。例如，当企业面临短期营业收入下降且不确定的长期发展趋势时，管理者如果通过解除雇员、出售设备等方式保持盈利或者止损，那一旦未来销售好转，企业需要再次购置设备或者雇用员工时，将面临高额的培训成本、调制成本等，而且由于新的契约并不容易轻易实现，也容易面临错过重要盈利机会的风险。因此，在营业收入下降时，管理者会因为契约调整成本的因素，而谨慎削减成本费用。总体上来讲，基于调整成本的契约观对"收入下降时成本费用很难降低"的现象具有明显的解释力，但不能有效证明和解释"收入上升时成本费用快速上升"的现象。

现有文献在企业经营模式、雇员情况和客户关系等方面对契约的调整成本进行了解释。首先，与那些依赖购买原材料和劳务的企业相比，固定资产和雇员密集度较高的企业，因为可能面临更高的调整成本，其销管费用粘性更强（ABJ，2003）。其次，小幅度的销售下降不会导致管理者对生产模式和雇员模式的调整，但一旦销售出现大幅下降，管理者会考虑改变成本结构，进而面临较高的契约调整成本，此时的销管费用粘性和营业成本粘性特征很明显（Weidenmier and Sub-ramaniam，2003）。再次，部分研究表明，劳动力市场中工人的谈判能力会影响成本粘性。对比多个国家工会谈判力的数据后，相关研究认为，工会谈判力和员工法律保护程度与成本粘性成正比，而员工福利、员工雇用集权程度与成本粘性呈反比，即当采用高度集权的方式雇用工人时，企业解雇和重新雇用工人的调整成本较低，企业成本粘性水平因此而下降（Banker and Chen，2006）。我国自2008年开始实施《劳动合同法》之后，制造企业的人工成本粘性水平显著提高，尤其在民营企业中，显著的人工成本粘性激发了更多的机器设备替代人工的可能性（刘媛媛和刘斌，2014）。但也有质疑的声音，认为实施《最低工资规定》之后，我国企业的销管费用粘性有所减弱（江伟等，2016）。在我国经济下行期间，企业基于寻租、名誉等主观因素或者政治干预、社会压力等客观因素，不能实施裁员决策而承担较多冗员时，冗员加大了企业的销管费用粘性，国有企业的这一现象更明显（刘嫦等，2017）。最后，从供应链的角度看，客户集中度对企业契约调整成本存在较大的影响，具体表现为，民营企业中营业成本粘性随着客户集中度的上升先逐渐减弱，随后又逐渐增强，两者之间呈现"U"形的非线性关系（江伟等，2017）。

虽然基于调整成本的契约观仅能从收入下降时成本不能有效下降的这一方面解释成本粘性，但其解释力依然得到证实，尤其对销管费用粘性和营业成本粘性的成因分析具有比较强的解释力。

2.1.2.2 基于管理者心理的效率观

基于调整成本的契约观说明了管理者谨慎决策的依据，但实际管理工作中，在面临收入波动时，很多管理者也会表现出较强甚至过度的乐观或者悲观主义，从而影响成本的调整决策，增强或降低成本粘性水平。管理者过度自信是从心理学的角度，将人的心理活动纳入到对经济决策的影响之中，是对研究假设"理性经济人"的有效补充。心理学研究表明，过度自信心理下，人们通常会过高估计自身能力而导致对风险认知不足，并且企业管理者比较容易出现过度自信性认知偏差，形成欠缺合理性的决策（Banker et al.，2011）。这种因为管理者心理调整成本而左右成本调整决策，进而影响成本粘性的逻辑分析，本书将其总结为基于管理者心理的效率观。基于管理者心理的效率观实证研究中，大多通过销售收入的跨期变化趋势代替管理者对未来持乐观或悲观态度，进而观测其对成本粘性水平的影响。具体逻辑分析过程如图2-1所示。

基于管理者心理效率观的相关研究认为，管理者过度自信增强了企业成本粘性（ABJ，2003；Banker and Chen，2006a，2006b）。当管理者对未来销售预期下降时，企业成本粘性会下降，而当管理者在宏观经济增长期间，会对未来的销售估计比较乐观，企业成本粘性有所增强（ABJ，2003）。利用我国非国有制造企业数据对该问题研究发现，管理者过度自信的公司，其营业成本粘性显著性更强（梁上坤，2015）。使用创业板数据研究发现，高管过度自信程度越高，销管费用粘性增强的趋势越明显（张泽南，2016）。其他的一些相关研究也支持管理者预期与成本粘性的正向相关关系（周兵等，2016；李粮等，2013）。但也有不同的结论，认为管理者过度自信与销管费用粘性显著负相关（刘嫦等，2014）。而且，在宏观经济增长时，管理者预期销售增长，但成本费用粘性降低，而在宏观经济下降期，管理者对未来预期下降，并导致成本费用粘性增强（李秉成等，2016）。

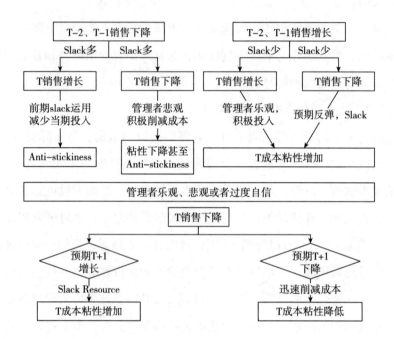

图2-1　基于管理者心理的效率观逻辑分析

此外，心理学研究表明，管理者之所以存在强大的自信，其心理根源在于其控制幻觉（Malmendler and Tate，2005），而且管理者拥有的决策权利和资源控制能力与控制幻觉具有显著关系（梁上坤，2015）。基于此，管理者过度自信与成本粘性相关性的研究得到扩展，分别在债务约束、绩效考核、企业战略、宏观预期和政治管理等方面进行了延伸，即能够约束管理者过度自信的变量能够抑制两者之间的关系，而不能约束管理者过度自信的变量放大了两者之间的关系。

综上，虽然大多数研究承认管理者乐观或者过度自信增强了成本粘性，但也存在不同的声音，基于管理者心理的效率观并没有取得绝对统一的研究结论。这一方面可能与该理论的解释逻辑有关，但另一方面也可能与管理者乐观变量的计量方法有较大关系。在对管理者乐观解释变量的计量上，现有研究方法的差异性比较大：以 ABJ（2003）为代表的研究，用销售收入连续两年下降表示管理者的悲观情绪，并用宏观经济增速较快时代表管理者乐观预期；Banker 等（2011）采用成长性行业代表管理层乐观，用衰退性行业代表管理者悲观预期；刘嫦等（2014）和张泽南（2016）以"金额最高的前三名高级管理人员的报酬总额/资产总额"的中位数为界限进行刻度；梁上坤（2015）采用了宏观层面企业景气指数与企业家信心指数、管理者持股比例变化情况等。即表示管理者自信的计量指标比较多维化，这可能是导致基于管理者乐观预期理论的相关研究结论不统一的重要原因。

2.1.2.3 成本粘性代理观

代理理论认为，由于经理人与投资者的目标函数从根本上是不一致的，并且在两权分离情况下，管理者和股东之间存在信息不对称，导致管理者和股东之间存在较高的代理问题（Jensen and Meckling，1976）。在信息不对称（Asymmetric Information）的环境下，管理者存在的道德风险（Moral Hazard）和逆向选择（Adverse Selection）会导致机会主义行为，从而侵害股东利益（Myes and Majluf，1984）。除了股东和职业经理人之间的信息不对称外，大股东和小股东之间也存在信息不对称。并且大股东具有对企业现金流和控制权掌控的优势，当这种优势缺乏监管时，容易诱发大股东对企业资源或者其他股东利益的侵害，形成代理问题。在股权相对集中的公司中，最主要的代理问题是大股东和小股东之间的利益冲突（La Porta et al.，2000）。现有研究一般将信息不对称下管理者和股东之间的委托代理称为第一类代理问题，将大股东和中小股东之间的委托代理称为第二类代理问题。在成本粘性的代理问题归因分析中，也存在第一类代理问题成因分析和第二类代理问题成因分析之分，并分别通过不同的作用机制对成本粘性产生了正向或负向的影响。下文将把代理问题导致的成本粘性简称为成本粘性代理观。根据成本粘性代理观研究的发展进程，首先归总并绘制成本粘性代理观研究路径和作用机制分析图（见图 2-2），而后根据代理问题种类依次评述其对成本粘性的影响。

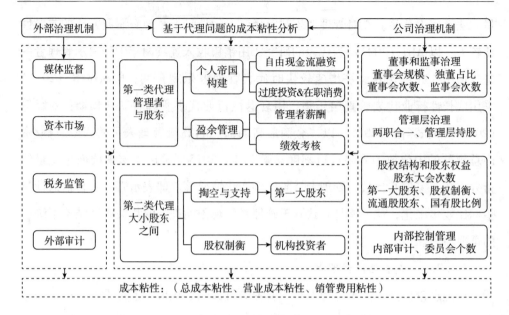

图2－2　成本粘性代理观下研究路径和作用机制分析

（1）基于股东和管理者之间（第一类）代理问题的成本粘性研究。目前，基于股东和管理者之间代理问题的归因分析是成本粘性成因研究的主流方向，也是现有文献普遍认可的成本粘性代理观。该观点认为，在理性经济人假设下，管理者在两权分离下的自利选择，促使其在成本管理决策中会融合自利性因素。同时，由于大股东和其他股东之间的利益侵占与"搭便车"等问题，导致成本习性与成本最优配置不符，具体表现为成本粘性。管理者自利行为对成本粘性的影响主要通过两种作用机制发挥作用：

第一，管理者个人帝国构建动机对成本粘性的影响。管理者个人帝国构建通常表现为在职消费和过度投资。在管理者和股东代理问题下，两权分离和信息不对称增加了股东的监督难度和成本，管理者因此有机会进行自利性在职消费，甚至进行过度投资，在公司内构建个人可控制性帝国。在具备个人帝国构建动机下，管理者的过度投资和在职消费对成本管理造成明显影响，导致各环节中冗余资源增多，变相增加成本结构中固定成本的占比，进而直接提升了成本粘性水平。例如，在个人帝国构建和扩张动机下，管理者为了最大化自己可控制的企业资源，会在收入上升时增加更多的投入，而在收入降低时减少很少的资源，从而增强了成本粘性（Kama and Weiss，2010；穆林娟等，2013）。任何有利于实现管理者个人帝国构建动机的因素，都可能强化成本粘性水平。具体来说，在国有企业中，高管任期越长，越可能过度投资，从而成本粘性越明显，而非国有企业中高管越接近离任，管理者帝国构建动机越弱，导致成本粘性下降（江伟和姚文韬，2015）。自由现金流也是影响个人帝国构建动机的重要变量。自由现金流假说认为，充裕的自由现金流增加了管理层与股东之间的代理问题（Jensen，1986）；反之，较少的自由现金流可以缓解两者之间的代理问题。即使面临投资回报率较差的项目，拥有超额现金流的公司还是偏好于进行更多的投资和并购（Opler and Titman，1994；Richardson，2006；徐晓东和张天西，2009）。在成本粘性方面，利用自由现金流和过度投资型个人帝国构建的关系，实证研究表明，充裕的自由现金流具有增强费用粘性的作用（牟伟明，2018）。融资约束是代表自由现金流约束的较好变量。一般认为融资约束性越强，管理者进行在职消费和过度投资的行为更容易受到抑制，进而有助于降低成本粘性。具体来说，融资约束与成本粘性水平负相关，企业融资约束水平越高，对应的成本粘性水平较低（江伟等，2015），债务约束也会通过抑制企业的过度投资行为削弱成本粘性水平（张传奇和孙毅，2018）；并且，从宏观货币政策视角研究发现，在货币政策宽松且企业存在较少银行债务时，企业反而会拥有较高的费用粘性水平（马文超和吴君民，2012）。另外，直接从营业收入角度进行的相关分析认为，营业收入下降本身就会导致自由现金流萎缩，因此，会对费用粘性产生抑制作用（王明虎和席彦群，2011）。综上可知，充裕的自由现金流虽然保障了企业成本管理的弹性，但也容易引发成本粘性，而减少自由现金流能够发挥抑制成本粘性的作用。

第二，基于管理者薪酬契约和薪酬激励的成本粘性归因分析。从管理者薪酬契约和薪酬激励角度，分析管理者自利行为对成本粘性的影响，会得到截然不同的结论。相关研究普遍认为，将经理人薪酬与业绩挂钩是委托人用来缓解代理问题的有效方式（Jensen and Meckling，1976），根据委托—代理理论标准模型，企业绩效指标的真实性和可靠性对管理层薪酬业绩敏感性起关键作用。当管理者努力工作程度能在业绩中体现出来时，薪酬业绩的敏感性会大大提高（Holmstrom，1979；Banker and Datar，1989）；但是，以避税活动为代表的干扰甚至降低财务信息质量的行为，会降低薪酬业绩敏感性，从而降低薪酬契约的有效性，导致经理人激励不足。对此，管理者会通过在职消费等自利方式，弥补绩效不足导致的薪酬激励欠缺，进而增加了管理者和股东之间的代理成本。目前基于薪酬契约有效性角度分析其对成本粘性的研究很少，仅有石善冲等（2017）从避税角度进行了研究，实证结果表明，企业的激进避税增强了管理者的自利动机，并增大了成本费用粘性。一般情况下，薪酬激励体系下管理者都会具有一定的短期利润目标，在短期利润目标导向下，企业通常会存在不同程度的盈余管理动机和行为。因此，基于管理者薪酬契约和薪酬激励的成本粘性归因分析，在下文中有时也称之为基于盈余管理动机的成本粘性分析。

另外，管理者薪酬包括多种形式，并具有长短不同的时间激励效果。从短期激励效果来看，当以短期目标为导向进行管理者绩效激励时，管理者往往为了实现短期预期绩效，而在收入降低时迅速下调成本资源，当收入上升时，反而限制成本资源的增加（Bushman and Indjejikian，1993）。也就是说，在短期绩效激励作用下，管理者的自利行为更容易降低成本粘性，而不是增强成本粘性。即管理者会把成本管理和应计盈余管理作为管理盈余的替代工具，当企业微利或者盈利微涨时，企业管理者更可能为了绩效而积极削减成本，从而降低成本粘性水平（Dierynck and Renders，2009）；当管理者试图规避利润损失和盈利下降时，企业的成本粘性水平很低，甚至出现反粘性现象（Kama and Weiss，2010）；当公司的盈利较高时，为了保持盈利率的相对稳定，上市公司通常会进行一系列的向上盈余管理行为，导致费用粘性增强（张志平和刘淼，2017）。此外，利用高管薪酬和非高管薪酬的差距作为解释变量研究发现，两者薪酬差距越大，上市公司的费用粘性越低，说明短期绩效激励对成本粘性具有抑制作用（孙维章等，2016）。那么，变短期绩效激励为长期绩效激励后成本粘性是否提高了呢？这方面的研究进展较少。利用我国 2010 年中央企业全面实施 EVA 绩效考核政策这一事件进行的研究发现，实施 EVA 考核的公司的成本粘性显著降低，也就是说，长期绩效激励依然有助于抑制成本粘性，与短期绩效激励对成本粘性的影响效果类似（梁上坤，2016）。综上，基于薪酬契约和绩效考核角度，考察管理者和股东之间代理问题对成本粘性的影响时，一方面研究进展有待加速，另一方面在研究结论上也存在一定的疑惑。薪酬激励和薪酬契约作为委托代理的核心内容，研究其对成本粘性的作用，是深入了解职业经理人成本管理行为的重要路径，因此，有必要进行更深入的研究。

第三，针对第一类代理问题的治理机制与成本粘性关系研究。前述分析说明，在股东和管理者代理冲突下，个人帝国构建动机和盈余管理动机下的管理者自利行为，对成本粘性的影响并不相同，甚至截然相反。那么，提升企业的公司治理水平，是否能约束管理者自利行为对成本粘性的影响呢？具体体现为约束了管理者的个人帝国构建动机？还是约束了管理者的盈余管理动机呢？总体上来说，良好的公司治理结构能够弱化成本粘性，且在可能进行过度投资的公司中，公司治理对于成本粘性的影响更强（Chen et al.，2008）。目前，针对上述代理问题的公司治理分析，主要从董事会、监事会和管理层治理层面进行。一些研究依次采用这些指标表示公司的公司治理水平，研究发现，在较高的管理层治理水平下，代理问题对成本粘性的影响会显著减弱（谢获宝和惠丽丽，2014）；内部控制通过抑制管理者的自利行为也影响了费用粘性（韩岚岚等，2017）。此外，外部治理机制发挥的公司治理作用，也能够抑制管理者自利问题导致的成本粘性。例如，审计师行业专长水平越高，企业费用粘性越低（宋常等，2016）；媒体关注有利于改善信息不对称，抑制管理层利己行为并降低费用粘性（梁上坤，2017）；等等。总体来说，通过改善公司治理水平，可以约束管理者自利行为，并进而降低成本粘性水平的观点，得到普遍的证实和认可。

（2）基于大股东和中小股东之间（第二类）代理问题的成本粘性研究。大股东和中小股东之间的代理问题主要表现为大股东的"支持效应"（Propping Effect）和"掏空效应"（Tunneling Effect），且在现有大股东和中小股东代理问题研究中，针对大股东"掏空效应"问题的研究，占据更多的篇幅。"隧道行为"（Tunneling）是控股股东对其他股东的一系列利益侵占行为，并且，由于公司治理方面法律制度建设的相对薄弱，亚洲公司存在较多的"掏空行为"（Johnson et al.，2000）。即大股东可能利用对企业控制权、现金流权的控制和信息优势，通过"隧道挖掘"方式侵占中小股东权益，产生"掏空效应"，从而降低企业效率（何俊和张祥建，2008）。其中，控制权是控股股东对公司行使决策的权力，现金流权是股东通过支付现金购买股权，从而获得的企业股份的剩余分配权和股利分红权。由于"金字塔"类股权结构模式下股东的层进式交叉持股，此时的现金流权，等于层进式交叉持股比例的连续乘积（李元旭和吉祥熙，2017）。"支持效应"是指控股股东利用其控制权，将资产由其所占股权份额低的子公司，转移到股权份额高的子公司，实现资产在子公司之间的转移，并对控股公司形成支持。

第一，大股东"支持效应"与成本粘性研究。大股东为了维护自身利益，在上市公司处于不利局面时，往往具有支持动机，发挥"支持效应"。相关研究发现，在面对不利信息或事件时，上市公司为了维持企业市场价值的稳定性，会优先选择"支持"上市公司的方式（Friedman et al.，2003）；为保住上市公司的上市资格或增发新股的权利，控股股东会通过关联交易的方式支持上市公司（Jian and Wong，2010）。另外，在公司所处的法律较为完备且股权相对分散时，寻求对经理人监督效率的改善是一项"公共品"，"搭便车"问题比较明显，而当公司股权高度集中，且高比例股权产生的控制收益远大于监督经理人的成本时，大股东监督经理人的动机和执行性会明显提高（Shleifer and Vishny，1986），抑制管理者和股东之间（第一类）的代理冲突，提高经营效率，提升企业价值，增加股东财富，也能够较好地保护中小投资者，发挥大股东的"支持效应"。例如，大股东对管理层在广告投入、研发费用和在职消费等方面具有明显的治理作用，相应费用大幅度下降（Yafeh and Yosha，2003）；企业集团内部大股东监督能力水平与下属上市公司的过度投资行为呈反比，即大股东监督能力越强，下属上市公司的过度投资行为越少（窦欢等，2014）；提高控股股东持股比例可以降低管理费用粘性（王明虎等，2011），这些研究发现都说明控股股东具有支持效应。

第二，大股东"掏空效应"与成本粘性研究。以 La Porta、Lopez - de - Slianes、Shleifer 和 Vishny（LLSV）为代表的法与金融学派从投资者法律保护角度提出，当股权从分散走向集中时，企业最主要的代理问题将不再是股东和管理之间的代理问题，而转变为大小股东之间的矛盾，尤其表现在大股东对中小股东的利益侵占方面（许年行，2010）。通常，通过股权控制企业时会存在一个股权比例临界点，一旦超过该临界点，大股东就能以非百分之百的资本完全控制企业，并因此而获得控制权私有收益，甚至攫取中小股东的利益（Shleifer and Vishny，1997）。LLSV（1998）分析投资者法律保护和股权集中度的关系后提出，"在公司治理体系中，高度集权的股权结构来源于，或者说，替代了若干投资者的法律保护"。那么，大股东是否在取得大股东地位或者控股股东地位后就会进行"掏空型"利益侵占呢？什么条件加剧或者抑制了大股东的利益侵占行为呢？现有研究正在逐步给出这些问题的答案。

首先，大股东要实现"掏空型"利益侵占，并不是取得控股股东地位就一定能够实现的，还需要与管理者进行"合谋"（Burkart and Panunzi，2006）。大股东和管理层之间有时存在控制权之争，大股东并不总能有效地控制管理层（祝继高和王春飞，2012）。大股东为了实现与管理层的合谋，往往通过降低管理层的薪酬契约有效性或直接给管理层额外补偿来实现。例如，大股东为实现掏空，会故意降低高管的薪酬业绩敏感性，通过增加管理层的在职消费予以补偿（张敏等，2012；郑国坚等，2013），或者由控股股东提供更高的补偿与津贴（张敏等，2014）；尤其是大股东持股水平低于30%时，掏空行为需要高管的密切合谋配合，而超过该界限之后，大股东对管理层的合谋需求变得不明显（赵国宇，2017）。

其次，复杂的股权结构会强化大股东的"掏空"行为。复杂的股权结构和方式多样化的控股权获得，导致控股股东的利益输送渠道更加多元化，也进一步加强了控股股东和其他股东之间的信息不对称，从而有利于激发并强化大股东的

"掏空"动机。相关研究认为,金字塔控股结构、交叉持股和发行多重股权股票等方式,具有数学叠加效应。这类股权结构方式的叠加效应,带给大股东远高于其名义股权比例的控制权,而该明显高于股权比例的实质控制权,为大股东的各种掠夺行为提供了温床和保障(Friedman 等,2003);并且,隶属于企业集团的上市公司,比独立上市公司有更高的过度投资程度,且即使在外部融资约束下这种现象也持续存在(窦欢等,2014);等等。

最后,抑制大股东"掏空"行为的因素及其作用机制。企业家持有现金流权可以降低其剥削中小投资者的动机,并提高支付股利的积极性。因此,在缺乏投资者法律保护的国家,集中的现金流权可以作为限制企业家剥削行为的一种约束机制(Jensen and Meckling,1976)。控股股东控制权超过现金流权的程度越大,控股股东越有强烈动机去侵占或者攫取中小股东利益(Yeh and Woidtke,2005),尤其是大股东在面临财务困境时,有非常强烈的非法占用上市公司资金的动机,"掏空"行为异常明显,此时法制监管对该行为的抑制作用非常明显(郑国坚等,2013)。另外,控股股东一般缺乏持续研发的动力,而通过提高其他大股东持股比例的股权制衡,有利于改善控股股东的消极创新投资行为(左晶晶等,2013);且股权制衡对控股比例低于30%的大股东掏空行为具有抑制作用,而对超出 30% 比例的大股东利益侵占行为治理作用不大(赵国宇和禹薇,2018)。考虑企业所得税对控股股东行为的影响后发现,高税率和低征管强度促进了控股股东的"掏空"行为,而低税率和高征管强度促进了控股股东的"支持"行为(王亮亮,2018)。此外,机构投资者能够作为公司治理的有效力量,对大股东的代理问题进行监督,降低大股东因为代理问题而产生的低效率行为(窦欢和陆正飞,2017),并且独立性较强且持股时间较长的机构投资者,能有效限制关联交易中大股东的"掏空"行为(吴先聪等,2016)。

综上,大股东和小股东之间的代理问题研究成果日渐丰富,理论也逐渐成熟,大股东和小股东之间代理问题会导致企业投资、关联交易、管理层激励等不同成本环节脱离正常运营轨迹,进而影响成本管理效率。结合成本粘性对成本管理的揭示作用,那么第二类代理问题是否导致成本粘性水平发生变化了呢?从薪酬的角度研究发现，第一大股东持股比例越高且股权制衡度越低时，高管薪酬表现出较高的粘性水平（张继德和姜鹏，2016），这与大股东和管理者"合谋"的理论分析逻辑相符。进一步考虑持股比例后，相关研究认为，第一大股东的持股比例越高，以及控制权越高，公司的管理费用粘性表现就越显著，并且股权制衡度能有效抑制大股东控制权导致的管理费用粘性（万寿义和田园，2017），符合大股东"掏空效应"的相关分析。

第三，针对第二类代理问题的治理机制对成本粘性的影响研究。目前，针对第二类代理问题的治理机制对成本粘性的影响研究中，主要从股权制衡和外部监督的角度进行。首先，跨境上市的公司由于面临的法律环境、市场环境和信息环境更严格，从而减少了大股东与中小股东之间的利益冲突，显著降低了公司费用粘性（崔学刚和徐金亮，2013）；其次，与股权制衡度较高的公司相比，股权制衡度较低的公司交叉上市后，成本粘性降低的幅度更大（吴思和陈震，2018）。在机构投资者的公司治理效应方面，在 Pound（1988）关于机构投资者治理作用的有效监督假说、利益冲突假说和战略联盟假说的基础上，研究机构投资者的治理作用对成本粘性的影响发现，在国内市场中，境内和交易型机构投资者与公司管理者更偏向于"合谋"而不是监督，从而增强了公司费用粘性，交叉上市后，由于受到更加严格的外部监管，"合谋"对费用粘性的作用消失（侯晓红和魏文静，2016）；根据我国股权分置改革的情况实证研究发现，我国股权分置改革之后，由于控股股东的影响力减弱，机构投资者积极参与到公司治理中，抑制了公司费用粘性（梁上坤，2018）。

结合代理问题和成本粘性的关系研究进展和文献综述可知，管理者个人帝国构建动机、管理者盈余管理动机和大股东掏空效应研究都有一定进展，但总体上来讲不具有体系性。具体来说：首先，在作用机制分析方面，缺乏严谨的分析和明晰的路径。在股东和管理者的利益冲突中，管理者过度投资和在职消费的原因和表现并不相同，基于短期利润目标和基于薪酬契约效应的利润调节效果也不相同，现有文献中对此大多未做明确区分，只是笼统概括为管理者自利行为。其次，在公司治理机制对成本粘性的研究中，一方面，部分治理因素对成本粘性的研究结论存在一定的矛盾，尚不统一；另一方面，内部治理机制和外部治理机制的选取相对比较零散且不全面。例如，Desai 等（2007）认为，在现代公司治理体系中，应将通过税收分配企业利润的政府小股东纳入研究范围。也就是说，税收因为国家政策的强制性，既会对企业发挥一定的监督和管理作用，也会因为税收调节而导致企业避税活动有所变化，进而导致薪酬契约有效性和公司自有现金流等发生变化，甚至会因为大股东的避税意愿，导致更多的"掏空"或"支持"行为，产生更多的代理问题，从在职消费、投资方向、过度投资和盈余管理等多个环节，对成本管理产生直接作用。因此，税收作为影响公司治理水平的重要因素会改变成本粘性水平吗？其发挥作用的机制和路径是什么？目前学术界对该问题的研究几近空白。然而，在我国供给侧结构性改革和全面减税降费政策背景下，了解税收改革对企业微观循环和内部管理的影响，是税收政策评估的重要内容，非常值得研究。因此，鉴于税收与成本粘性关系研究的必要性和欠缺性，确定选题为"税收改革与成本粘性的关系研究"，主要分析税收改革对成本粘性的影响和作用机制，并尝试运用我国企业所得税改革历程中的重要事件，主要从税率调节方面，以成本粘性的代理观为理论基础，研究税收改革对成本粘性的影响和作用路径等，以期为当前我国税收政策改革和企业成本管理提供一定的参考和借鉴。

2.1.3 成本粘性的经济后果研究

成本粘性是揭示企业成本管理行为的重要渠道，也是考察企业成本管理和其他决策以及决策效应之间关系的重要桥梁，是推进成本管理经济后果研究的主要抓手。具体来说，成本粘性的经济后果研究主要有：

（1）成本粘性对会计盈余预测的影响。首先，根据本量利分析，将会计盈余分解为两部分：与销售额无关的固定成本部分，与销售额有关的变动成本部分，并据此构建了一个基于成本粘性和传统成本习性的会计盈余预测模型（CVCS），发现相对于利用会计报表分析直接预测盈余来说，CVCS 模型的预测能力更强（Banker and Chen，2006）。其次，以 CVCS 模型为基础，把管理者心理预期因素纳入研究模型中，进行实证研究发现，综合了管理者心理预期的 CVCS 模型，其经济后果预测能力更强（Banker et al.，2010），这说明预测模型包含的信息量有所提高。在上述内容基础上，综合考虑管理者的主观因素后研究发现，在企业当期的销售额下降时，如果此时管理者并不认为这一形势具有可持续性，而是认为销售额下降情形很快会转变，那么，管理者会因为高昂的调整成本，而表现出资源削减决策的谨慎性，引发成本粘性现象，并且在企业的销售额下降时，基于调整成本考虑的成本粘性，与企业未来会计盈余之间呈正相关关系；并且，这类情形下的成本粘性，往往能为未来的超额回报提供机会和保障（Anderson et al.，2007）。此外，企业的业务量下降时，由于成本粘性水平较高的企业存在大量"冗余"资源，且短期内很难削减，造成资源利用率偏低，从而导致此类企业的会计盈余结果不理想，并且其经营结果的波动幅度也会增大，会计分析师评估此类企业未来经营绩效的难度会增大，从而不愿分析和预测此类企业的经营成果；并且在投资中，投资者对未来预测信息的获得能力，往往决定投资的收益水平，当较高的成本粘性提高分析师预测企业经营绩效的难度后，会导致很多投资者降低对该公司的关注和持续投资意愿，从而降低企业财务报告的市场公告效应（Weiss，2010；江伟和胡玉明，2011）。另外，会计盈余和成本粘性会在销售收入增加时，对利润产生不同属性的非对称的影响，成本粘性会混淆盈余稳健性的估计结果（步丹璐等，2016），因此，分析师对成本粘性越小的上市公司，会提供更准确的会计盈余预测，且分析师发布盈利预测后，投资者会对成本粘性小的公司做出积极反应（谢芳，2013）。

（2）成本粘性的其他经济后果研究。成本粘性代表了剩余资源，且发现成本粘性对企业研发创新投入有积极影响（胡华夏等，2017）。也有研究认为，基于成本粘性下企业冗余资源的考虑，成本粘性在一定程度上可以促进企业绩效提升（葛尧，2017），有利于提升并购企业价值（杜剑和于芝麦，2018），而成本反粘性则不利于改善企业绩效，也不利于并购企业价值的提升。

成本粘性成因和经济后果的研究成果逐步丰富，但也存在一定的不足。例如，在成本粘性成因方面，第二类代理问题对成本粘性的影响研究尚不充分，宏观经济因素对成本粘性的研究分析也需要进一步拓展，尤其从税收角度方面进行的成本粘性研究非常少见；此外，在成本粘性经济后果研究中，主要集中在会计盈余预测方面，其他方面的研究也有待进一步拓展。

2.1.4 成本粘性的计量

在成本粘性的计量中，主要使用两种方法：

（1）参考 ABJ（2003）研究模型计量成本粘性，并用营业收入下降时的回归系数 β_2 来测度成本粘性水平。具体如模型（2.1）所示。

$$\ln\left[\frac{Expense_{i,t}}{Expense_{i,t-1}}\right] = \beta_0 + \beta_1 \ln\left[\frac{Revenue_{i,t}}{Revenue_{i,t-1}}\right] + \beta_2 \times D_{i,t} \times \ln\left[\frac{Revenue_{i,t}}{Revenue_{i,t-1}}\right] + \varepsilon_{i,t}$$

$$(2.1)$$

Expense 表示企业的成本费用，具体包括：①营业成本（COST）；②管理费用（ME）；③营业费用（SE）；④销管费用（S&G）。Revenue 表示企业的营业收入。使用模型（2.1）需要注意如下事项：①研究成本粘性的前提是 $\beta_1 > 0$，即成本和收入是同方向变动的，收入增加的同时成本也增加，或者收入减少的同时成本也降低。现实管理中，因各种原因导致收入降低而成本上升的情况不属于粘性研究范围。②成本粘性：当收入上涨时，成本上涨的程度用 β_1 表示；$D_{i,t}$ 是哑变量，当收入下降时赋值 =1，由此，收入降低时，成本下降的程度用 $\beta_1 + \beta_2$ 表示，即 $\beta_1 + \beta_2$ 表示营业收入减少1%时总成本的减少幅度。成本粘性表示成本的边际上涨程度大于成本的边际下降程度，即 $\beta_1 > \beta_1 + \beta_2$，推出 $\beta_2 < 0$，β_2 的值越小，成本粘性越大。③成本反粘性：与成本粘性概念含义相反，成本反粘性表示成本的下降幅度超过同比收入的下降幅度，即 $\beta_1 < \beta_1 + \beta_2$，推出 $\beta_2 > 0$，β_2 的值越大，成本反粘性越大。

该模型常用于成本粘性的成因分析，但由于无法直接计量成本粘性水平，进而不能直接用于成本粘性的经济后果研究。

（2）参考 Weiss（2010）研究模型计量成本粘性。该模型需要按照季度数据进行量化测度，具体如模型（2.2）所示。

$$Expensesticky = \log\left(\frac{\Delta Expense}{\Delta Revenue}\right)_{i,u} - \log\left(\frac{\Delta Expense}{\Delta Revenue}\right)_{i,d} \quad u,\ d \in \{t,\ t-1,\ t-2,$$

$$t-3\} \tag{2.2}$$

Expensesticky 表示企业的成本费用粘性，具体可分类为：①营业成本粘性（COSTsticky）；②管理费用粘性（MEsticky）；③营业费用粘性（SEsticky）；④销管费用粘性（S&Gsticky）。ΔExpense 表示季度的成本差；ΔRevenue 表示季度的营业收入差；u 表示最近销售收入上升的季度，d 表示最近销售收入下降的季度。当业务量下降成本下降程度小于业务量上升时的成本上升程度时，成本粘性的值为负数，表示成本粘性高；而业务量下降成本下降程度大于业务量上升时的成本上升程度时，成本粘性的值为正数，表示成本粘性水平很低，也称为成本反粘性。使用模型（2.2）时需要注意：当一个企业连续四个季度业务量呈上升或下降时，该年度的成本粘性指标是无法计算的；并且当 ΔCOST 为正而 ΔSALES 为负，或者 ΔCOST 为负而 ΔSALES 为正时，即在成本变动和收入变动方向相反条件下，成本粘性指标也无法有效计算。故在使用该模型时，需要剔除营业收入四个季度连续上升或者连续下降的样本，并剔除季度营业成本差和季度营业收入差呈反方向状态的样本（葛尧，2017）。

2.2 企业所得税改革相关文献评述

税收改革历来是世界各个国家重要的财政政策，具有重要的经济调节作用。尤其在凯恩斯经济学对美国经济滞胀现象没有有效的指导和解决之道时，供给学派悄然发展，并迅速获得诸多国家的关注和借鉴。供给经济学是 20 世纪 70 年代初出现于美国的一个经济学流派，该学派特别强调供给在经济中的重要性，认为萨伊定理和"供给创造需求"的观点，在现代经济下依然具有正确性和指导价值，并且为了刺激生产和供给，国家应采用减税的财政政策。同时，根据该学派著名的拉弗曲线，减税并不必然降低国家税收，而是会通过刺激生产、扩大税基而在一定区间内保持国家税收的相对稳定。该学派观点受到美国政府的高度关注和借鉴，并在 20 世纪 80 年代以来开始实施减税措施，开启以供给为导向的经济改革。在企业所得税方面，以拉弗（Arthur B. Laffer）为代表的正统（激进）供给学派和以费尔德斯坦（1976）为代表的温和（中间）供给学派都认为，国家应该实施减税政策（蔡红英，2016），以刺激投资和供给的增加。

根据一般税收理论，经济学派关于税收改革主张的基本原理可以概括为，税收对投资的收入效应和替代效应，也就是通过税收调整刺激或者抑制企业的投资和生产行为。其中，税收的替代效应是指，提高企业税负会降低投资人的投资净收益，因此而降低了投资对纳税人的吸引力，导致投资者减少投资并进而以消费替代的一种可能。税收的收入效应则认为，提高税收负担降低了投资者的税后净收益，而为了维持以往的净收益水平，纳税人需要通过增加投资以刺激收入增长，并进而获得相对持平的投资收益。即一般情况下，税收的替代效应会因为加税而抑制投资，而税收的收入效应会因为加税而增加投资。对比多国高税和低税的财政政策发现，通常低税财政政策下，税收收入占 GDP 的比重偏低，但 GDP 的实际增长速度明显偏高（陈共，2017）。

我国自 1994 年税制改革以来，企业所得税的改革主要体现为税率调整、税前抵扣项目及程度变更和税收征管强度的调整，相关文献研究了所得税改革下诸多调整对企业所得税纳税产生的影响。具体分析如下：

2.2.1　企业所得税改革下的名义税率调整研究

2001～2012 年，围绕我国企业所得税名义税率调整的主要改革包括：

（1）2001 年取消地方政府"先征后返"优惠政策，实现内资企业名义税率的规范管理，这是中央政府为了规范税收的集中权、维护市场公平竞争秩序而进行的规范性治理，并在 2000 年和 2001 年，陆续取消了地方政府实施的"先征后返"的企业所得税优惠政策。围绕这一事件前后的变化进行研究发现，2001～2002 年，未享受"先征后返"企业所得税优惠政策的公司，其实际税率年度均值为 12.53%、14.50%，而享受该政策的公司的实际税率年度均值为 14.27% 和 19.84%，享受该政策的公司的实际税负更高，且地方政府的"先征后返"企业所得税优惠政策，对中央政府税收政策宏观调控具有干扰性（吴连生和李辰，2007）。

（2）2007 年企业所得税改革。在实施结构性减税和统一内外资企业名义税率的指导原则下，2007 年企业所得税改革中名义税率做了重大调整。对比新税法实施前后 1 年的公司税负发现，上市公司整体税负降低约 1.88%，名义税率降低的公司实际税负降低约 5.05%（李增幅和徐媛，2010）。总体上，企业所得税改革中，围绕名义税率进行的规范性和调整性改革符合预期目标。

2.2.2 企业所得税改革下的应税抵扣项目调整研究

在 2001~2012 年的企业所得税改革中，围绕税收抵扣项目的重大调整发生在 2007 年的税改中，具体体现在工资薪酬、广告宣传费用、研发投资、捐赠抵扣等项目上的抵扣比例和范围有重大变化。针对该变化，很多企业在成本管理中进行了相应的调整和再安排。实证研究发现，2007 年税改之后，税率降低的公司，存在明显的避税盈余管理行为，且市场能够识别税率变化对公司价值的影响（王跃堂等，2009）。具体来说，企业的成本调整行为主要集中在薪酬再安排、研发投资调整、固定资产投资调整和捐赠支出等。理论界围绕税收抵扣项目以及我国企业所得税改革下的应税抵扣项目调整进行了大量研究。具体如下：

（1）企业所得税改革与员工薪酬再安排。薪酬是税前可抵扣项目（Tax Deductions），具有明显的抵税作用，且其抵税作用被形象地称为"工资税盾"（Wage – related Tax Shields）（DeAngelo and Masulis，1980）。正是因为工资税盾的原因，税收也是决定公司薪酬安排的重要因素。例如，有学者认为，公司实施"固定收益养老金计划"（Defined Benefits Pension Plans）具有明显的税收套利目的（Tepper and Affleck，1974）。另外，税收还会明显地影响企业的薪酬结构。根据国内外薪酬激励体系，薪酬区分为货币薪酬和股票期权薪酬，能在当期发挥税盾作用的主要是货币薪酬。所以，高税率公司会偏好于增发货币薪酬（Graham，2003），加拿大税法规定"股权激励在任何情况下都不得在税前抵扣"之后，该国内高税率公司的薪酬总额中，股权激励的占比显著降低（Klassen and Mawani，2000）。结合美国 1993 年税收改革中关于高管薪酬可抵扣限额的调整，分析高管薪酬超过百万美元的公司，是否会调整薪酬计划以满足税法抵扣的要求。研究数据表明，该法案实施以后，实施薪酬调整以获取税盾效应的公司数量，与放弃税收抵扣收益的公司数量几乎相当（Balsam and Ryan，1996），等等。

我国自 1994 年税制改革以来，政府为了抑制国有企业过度发放工资，以确保企业利润稳定增长，对大多数企业的计税工资抵扣一直采用限额扣除办法。在 2007 年企业所得税改革中，有关员工工资薪酬抵扣方面，《中华人民共和国企业所得税法》第八条和《中华人民共和国企业所得税法实施条例》第四十三条明确规定："企业发生的合理工资薪金支出，准予扣除。工资薪金包括基本工资、奖金、津贴、补贴、年终加薪、加班工资，以及与员工任职或者受雇有关的其他支出。对合理的判断，主要从雇员实际提供的服务与报酬总额在数量上是否配比合理进行，凡是符合企业生产经营活动常规而发生的工资薪金支出都可以在税前据实扣除。"工资薪酬抵扣由 2008 年之前的限额抵扣转变为据实抵扣，抵扣调整的修订力度非常大。由于货币性工资薪酬具有较高的税收抵扣作用，因此，2007 年企业所得税改革之后，大多数企业对货币性薪酬进行了重大调整。主要表现为，我国企业普遍提高了员工的平均薪酬水平，企业高管和职工的工资薪金水平都有所提高，且高管与普通职工工资之间的差距扩大（王娜等，2013），但也有研究认为企业高管与普通员工之间的薪酬差距没有扩大，而是有所减小（韩晓梅等，2016）。在新税法实施前后相邻的两个季度（2007 年第 4 季度和 2008 年第 1 季度）之间，受"取消计税工资限额扣除政策"的影响，公司存在显著的推迟支付工资现象（王亮亮和王娜，2015）。此外，就管理层激励方式和企业避税关系的相关研究发现，随着管理层货币薪酬和股权激励的增强，高管人员愿意承担更大避税风险以进行避税活动，企业的实际税负降低（吕伟和李明辉，2012）。对于企业愿意采用薪酬纳税筹划的原因，相关研究分析认为，企业工薪所得税纳税筹划促进了职工薪酬激励效应，尤其当具有财务背景的高管的薪酬工资水平不高，且其薪酬结构中权益性薪酬占比很低时，高管越可能利用员工薪酬纳税筹划方案，普遍提高员工的薪酬水平（王雄元等，2016）。

（2）企业所得税改革与研发投资。研发对经济增长的可持续促进作用不言而喻，但技术具有公共商品、创新收益非独占性和外部性等市场失灵问题，该问题导致企业自发性研发投资的动力不足，需要政府适当地干预和推动，如采取针对研发行为的财政补贴和税收优惠激励政策等，以化解研发创新的市场失灵问题（Solow et al.，1957）。目前，世界大多数国家虽然都积极支持企业的研发投资，但对企业的研发开支并不会完全免税。税收对企业研发可能产生"挤出效应"，也可能产生"避税激励效应"。

首先，在"挤出效应"方面，一般认为，研发活动严重依赖于企业内部资金（Griffith et al.，1995），税收会减少企业税后现金流，因而减少研发活动可用的现金（Brown et al.，2009）。当公司现金流水平比较低时，内部现金流的些微变化，都可能会影响企业的投资决策，此时，税收带来的现金流出对研发投资的挤出越明显（Hovakimian，2009）。同时，由于税收的优先支付刚性比较高，因此，一旦企业现金流受到约束时，税收对研发的挤出效应会更明显。此外，因为研发活动具有较高的风险（Brown et al.，2012），所以企业一定要保留足够的现金流，以预防任何不利事件对持续研发活动的影响，而税收支付刚性明显削弱了企业的现金储备能力，不利于研发投资。所以，为了激励研发，需要政府通过税收优惠政策、政府补贴等方式遏制"挤出效应"。尤其是既享受研发投资抵税政策，也享受政府研发资助政策的企业，具有更强的创新动机（Berube and Mohnen，2009）。并且，在改善研发创新的外部性方面，税收政策和财政补贴的作用无实质差别，但税收政策对大中型工业企业的转型升级激励作用更为显著（李浩研等，2014；杨得前等，2017）。

从全世界范围来看，世界各国政府都普遍通过税收、财政等优惠政策支持技术创新的发展。在我国，根据新《企业会计准则第6号——无形资产》，企业在研究阶段以及开发阶段不满足资本化条件的当年投入均归集为"管理费用"。同时，《中华人民共和国企业所得税法》第二十八条规定："国家需要重点扶持的高新技术企业，减按15%的税率征收企业所得税"；第三十条规定："开发新技术、新产品、新工艺发生的研究开发费用可以在计算应纳税所得额时加计扣除（可加计50%）"。同时，在2008年和2016年先后颁布和修订了《高新技术企业认定管理办法》，在税收政策方面全力支持和配合《国家中长期科学和技术发展规划纲要（2006—2020年)》，促进科技创新。

其次，在"避税激励效应方面"，很多研究认为，税收优惠政策在激励企业增加研发投资的同时，有可能会诱发"避税激励效应"，不能实现甚至背离相关优惠政策的预期效果。因此，针对研发投资的激励型税收优惠政策实施效果一直广受关注和质疑。具体来说：①研发投入的税收加计扣除，为调整会计利润与应税所得之间关系提供了有效工具（Erickson et al. ，2004），如果企业充分利用研发投入税前加计扣除这一政策，可以在保持较高会计利润的同时，有效降低税收负担（吴祖光等，2013）。②研发支出具有复杂性和界定困难的特征。理性经济人会权衡避税收益和风险，且更倾向于通过调高非独立可识别的扣除项目进行避税（Alm and Torgler，2011）。研发支出恰好具有复杂性和界定困难的特征，以及不具备可独立识别的特征，从而成为很多企业避税的优质选择，而且税务监督和审计监督的成本较高，这也促进了企业用之进行避税型操纵活动。综上，就研发税收优惠政策和研发投资自身特征两方面分析发现，基于避税动机的研发操纵行为比较容易发生。结合我国目前的政策执行效果分析看，过度利用税收优惠政策避税的现象相对普遍。例如，有的研究发现，企业税收负担改变了研发投资现金流敏感性，税收负担越高的企业，报告的研发投入强度也越高，可能存在税盾效应（吴祖光等，2013）。另外，政府税收优惠政策是否真正提升了企业的创新绩效？相关研究发现，高新技术企业所得税优惠政策，在很大程度上成为了这些企业规避税收的"税盾"，存在政治关联的企业有效创新活动不足，却获得了相当数额的研发税收优惠（李维安等，2016）；我国的创新税收优惠政策诱发了研发操纵，并最终导致公司研发绩效下降，有违政策制定者的初衷（杨国超等，2017）。在《高新技术类企业认定管理办法》的税收优惠门槛效应下，比例门槛型减免企业选拔和税收激励共同作用下，企业营收规模扩张，显著提高了企业下一年度不能持续获得减免的可能性。即企业资格认定型研发税收减免政策，具有可持续性的自我削弱影响（汪冲和江笑云，2018）。

综上，在企业研发创新过程中，由于研发创新的市场失灵特征和税收"挤出效应"，需要政府进行税收支持，而又因为税收支持可能会引发"激励避税效应"，需要在税收优惠力度和优惠方法上进行选择。例如，相比于通过降低税率激发企业研发投资来说，研发费用加计抵扣政策对研发要素投资更具有针对性的驱动作用，其中，针对增量研发投资的抵税政策优于综合研发投资抵税政策（Russo，2004）。

（3）企业所得税改革对其他投资的影响。①在固定资产投资方面，依托新古典投资理论进行的相关研究认为，税收政策会通过折旧政策和折旧税收抵免政策调整影响企业的投资结构，具体表现为影响企业的投资支出水平和投资支出时间（Jorgenson，1963；Hall and Jorgenson，1967，1969）。在美国 1986 年企业所得税改革中，投资的税收抵免比例提高后，企业投资总额有所提高（Auerbach and Hassett，1992）。2007 年我国企业所得税改革中，对企业固定资产折旧和抵扣金额没有明显的变化，但因为名义税率的调整将会影响未来折旧抵税作用，因此也可能对企业的投资产生影响。具体来说，企业所得税税率上升会导致企业资本成本提高，并进一步导致企业总投额有所减少，而所得税税率下降的企业，虽然所得税税率下降明显降低了企业的资本成本，但这一成本水平调整对投资却没有实质性促进效应（刘慧凤和曹睿，2011）。2014 年固定资产加速折旧政策带来了额外的税收优惠，资产结构期限越长，税收优惠越大，且在对应的试点行业内，固定资产加速折旧政策显著提高了企业的固定资产投资水平，特别是在资产报废周期长、更新迫切的资产投资项目上，该政策的投资激励作用非常显著（刘啟仁等，2019）。②在慈善捐赠方面，《企业所得税法》将企业慈善捐赠税前扣除比例由年度利润总额 3% 提高到 12%，抵扣比例做出了较大调整，可能会激发企业的捐赠意愿。此外，2016 年 9 月 1 日开始实施的《中华人民共和国慈善法》规定："企业慈善捐赠支出超过法律规定的准予在计算企业所得税应纳税所得额时当年扣除的部分，允许结转以后三年内在计算应纳税所得额时扣除。"对此，相应的研究发现，企业所得税政策会同向性地影响企业的慈善捐赠（张奇林和黄晓瑞，2013），慈善捐赠税前抵扣比例的调整，显著提高了企业慈善捐赠的绝对规模（曲顺兰和武嘉盟，2017）。并且，相较于国有企业来说，民营企业的慈善捐赠可以发挥避税效应和融资效应（高帆和汪亚楠，2015）。另外，2016 年 4 月，《财政部国家税务总局关于公益股权捐赠企业所得税政策问题的通知》（财税〔2016〕45 号）规定："企业向公益性社会团体实施的股权捐赠，应按规定视同转让股权，股权转让收入额以企业所捐赠股权取得时的历史成本确定，减免了捐赠企业此前需缴纳的股票增值部分的所得税。"基于此背景，相关研究发现，企业所得税实际税率与企业慈善捐赠支出存在显著的正相关关系（许评和申明珠，2017）。

2.2.3 企业所得税改革下的税收征管问题研究

在税收征管方面，2001 年税收征管法的颁发和 2002 年税收分享体制改革，以及 2007 年企业所得税改革，都影响着税收征管强度。李建军（2013）通过"税收痛苦指数"和宏观实际税负的对比研究发现，我国 2000～2010 年税收征管程度偏低，税收征管不足。本书研究发现，我国 2002～2016 年的税收征管强度呈轻微的"U"形，且 2002 年和 2007 年的时间节点效应非常明显，说明前述税制改革和企业所得税改革对税收征管的作用是明显的。

税收征管工作包括税收征收和税收稽查等，会对企业的避税行为产生重要影响。这是因为，企业需要权衡避税收益和避税成本之间的关系。税收征管强度提高，意味着税收稽查的力度增加，企业各类避税行为被发现的概率增加，因此，可能会面临较高的避税惩罚成本，且一旦因为税务问题被查，会遭受较大的声誉损失，甚至会成为持续性重点稽查对象等。所以，通常在税收征管强度较高的地区，企业的避税行为相对较少。例如，有研究表明，改善税收征管效率能显著提高宏观实际税率和企业所得税的实际税率（李建军，2013），税收征管有助于降低企业避税程度（张玲和朱婷婷，2015）。此外，税收征管通过规制企业避税活动会产生其他经济后果。例如，普京政府发表的一系列打击石油企业避税行为的声明，显著提高了避税型石油企业的股票价格（Desai et al.，2007）；并且，高税收征管强度，往往意味着上市公司向上盈余管理的税收成本会调高，而较高的税收成本能够抑制公司向上的过度盈余管理行为（叶康涛和刘行，2011）；还有研究认为，机构投资者与税收征管在避税上具有互补作用，在税收征管强的地区，机构投资者抑制企业避税、提升企业价值的效应更明显（蔡宏标和饶品贵，2015），等等。这些研究说明税收征管具有一定的外部公司治理作用。

2.3 避税活动下的代理问题文献综述

避税活动是现代企业运营中的常见现象，是在不违反税收法规的情况下，通过适当的财务安排为企业节约税负的行为。传统的避税理论认为，企业通过合理避税的方式，减少向政府缴纳的税款现金支付，留存更多的现金在公司里，这会缓解企业潜在的融资约束（Edwards et al.，2013），增加企业灵活支配资源的空间，从而能够服务于企业价值提升（Phillips，2003；Hanlon and Heitzman，2010）。然而，Desai 和 Dharmapala（2006，2009）对此持否认态度，他们认为，避税活动增加了企业的代理问题，为管理层"寻租"创造了条件，只有在公司治理结构完善的前提下，避税活动才会提高企业价值。也就是说，两权分离下的委托代理问题影响了企业避税的意义。由于两权分离干扰了避税活动对企业价值的贡献，因此，将避税活动纳入委托代理框架下的相关研究是十分必要的，并且，这方面的研究进展也非常迅速，逐渐兴盛发展为避税的代理观。沿用 2.1.2 成本粘性代理观中代理问题的分类，区分第一类和第二类代理问题，综述分析其对企业避税活动的影响。

2.3.1 避税活动与代理问题研究评述

（1）避税活动与第一类代理问题关系研究。避税代理观认为，避税活动加剧了管理者和股东之间的代理冲突，增强了管理者和股东之间的信息不对称，降低了薪酬激励契约的有效性，进而诱发管理者个人自利行为。具体来说：①避税活动增加了信息不对称程度。企业进行避税活动时，需要在避税收益和可能面临的避税惩罚之间进行权衡。为了防止被税务机关检查发现和惩罚，避税活动往往采取复杂且不透明的交易来进行，从而增加了企业真实利润信息的甄别难度，增加了管理者和投资人之间的信息不对称程度，即企业的避税程度与信息透明度显著负相关（Chen et al.，2011）。同时，高避税引发的信息复杂性为企业向市场传递信息提供了障碍，导致股票价格中的信息含量有所下降（吕伟等，2011）。信息不对称理论认为，信息不对称导致了经理人的逆向选择和道德风险问题（Myers and Majluf，1984），其中，逆向选择问题会扭曲资源配置，而道德风险问题则会引发更多的管理者自利行为，可能导致管理者进行过度投资和更多的在职消费等。②避税活动降低了管理者薪酬契约的有效性。薪酬激励主要围绕管理者薪酬和企业业绩之间的关系构建，而避税活动是对企业管理者的附加要求，由于可能面临税务稽查以及惩罚等，导致经理人从业风险提高，但薪酬契约往往不会为经理人承担的风险提供额外补偿。因此，避税活动降低了高管薪酬和会计业绩的敏感性，干扰了企业业绩和薪酬之间的契约有效性，不能真实反映管理者的努力程度（叶康涛和刘行，2014）。也就是说，在避税情境下，股东无法与经理人签订最优激励契约（Chen and Chu，2005），高激励契约对代理人的激励效应较弱，代理人具有较强的机会主义倾向（Barile，2012），表现为在职消费和个人帝国构建行为。这是因为，由于避税活动导致了薪酬契约的不完全有效和信息不对称，管理者为了弥补自身承担的由避税引发的额外风险，将更倾向于通过在职消费和个人帝国构建等形式对额外风险进行自我补偿；并且，通过复杂交易实现税收规避的同时，由于晦涩复杂交易下信息不对称程度提高，所以，管理者在职消费行为被发现的概率和潜在成本也有所下降，从而提升了管理者在职消费和个人帝国构建的可行性和便利性（Desai and Dharmapala，2006；Kim et al.，2011），较高的避税程度会出现显著的过度投资和在职消费现象（戴德明和王小鹏，2011；刘行和叶康涛，2013；王静等，2014；廖歆欣和刘运国，2016）。

（2）避税活动与第二类代理问题关系研究。税收规避意味着，在税前利润的分配中，尽可能少地上缴税负，而尽可能多地将利润保留在企业内部，留待股东决议分配或留作后续再投资资金。无论是将节约的税负分配给股东，还是为再投资行为进行储备，都能够产生股东财富效应（Slemrod，2004）。但现有研究证明，税收规避下容易存在管理者的攫取性私利行为，不利于公司价值提升，即避税具有双面性。除了管理层之外，大股东是否也存在不同的避税动机呢？大股东避税是对其他股东利益的掏空？还是有利于维护公司全体股东财富呢？通过梳理文献发现，这方面的研究虽然有一定进展，但成果并不很丰富。研究发现，当公司的重大决策集中在少数人的手中时，决策者们更倾向于规避风险做一个保守型的经营者（Fama and Jensen，1983），而当终极控股股东的持股比例很高时，为了有效降低避税活动可能导致的较高的惩罚概率，公司的避税动机和避税活动也会下降，并且公司的实际税负水平会越高（Badertscher et al.，2013）。但也有观点认为，控股股东可能存在以避税为借口而掏空上市公司的行为（Mironov，2013），这与 Desai 和 Dharmapala（2006）提出的"控股股东通过多元化建设避税基地等形式掏空上市公司资源"观点相同。另外，在终极控股股东拥有较低的现金流权和较高的控制权时，上市公司的税前会计利润和应纳税所得之间的差异越大，且这种激进型避税行为下终极控股股东的"掏空效应"越明显（钟海燕和戚拥军，2016）。进一步的研究发现，大股东异常关联交易的规模、控股股东的股权质押行为都与企业避税动机显著正相关，且控股股东有动机利用税收规避抑制控制权转移风险（陈作华，2017；王雄元等，2018）。

总结上述相关文献可知，从风险共担的角度，大股东较低的现金流权激发了其避税动机，而较高的现金流权抑制了其避税行为。大股东存在以避税为借口而保全自身控制权的动机，也存在以避税为借口进行掏空性利益侵占的动机，这说明避税不利于抑制大股东的代理问题，反而有利于大股东的自利行为。

综合避税活动与两类代理问题的关系可知，避税动机和避税活动总体上增强了代理成本，不利于保持管理者薪酬契约的有效性，也为大股东掏空行为提供了借口。尤其在当下进行混合所有制改革下，降低大股东的控股权，可能会在增强企业经营活力的同时，引发更多的避税活动，从代理成本角度不利于企业经营活力的可持续性，需要引起充分的重视。

2.3.2 税收的公司治理作用研究评述

自 Desai 等（2007）建议将政府作为企业小股东纳入公司治理研究范畴以来，Bradshaw 等（2013）也认为，国有企业的实际控制人是国家，税收可以看作对控股股东的分红和对其他股东的成本。然而，将政府税收纳入公司治理范畴的研究进展非常缓慢，研究成果非常少。

避税活动是连接政府税收和公司代理问题的纽带，企业所得税改革通过名义税率和税收抵扣等影响了企业避税程度，进而能增强或者削弱避税活动引发的代理问题。一般情况下，公司名义税率越高，企业的避税动机越强烈，也容易诱发管理者和大股东的自利行为。研究发现，名义税率变动是公司避税行为和管理层在职消费关系的调节变量。企业所得税名义税率上升，会导致公司采取更多的避税行为，管理者会借机增加在职消费活动；反之，企业所得税名义税率下调后，管理者借避税之名进行的在职消费投机活动会明显减少（蔡蕾和李心合，2016）。此外，提高企业所得税名义税率，会增强控股股东对上市公司的"掏空"行为，而税收征管则能够抑制其"掏空"行为：在高税率和低征管组合模式下，当控股股东有"掏空"动机时，其"掏空"程度越高；而在低税率和高征管组合模式下，当控股股东具有"支持"动机时，其"支持"程度越高（王亮亮，2018）。上述研究表明，针对避税活动下的代理问题，税收征管能够作为一种外部治理机制发挥公司治理的作用（曾亚敏和张俊生，2009）。具体来说，因为税收征管的强制性和税务稽查特征，税收征管对第一类和第二类代理问题都具有抑制作用。在税收征管力度强的地区，管理者与股东代理成本会较弱，大股东占用上市公司资金或与上市公司发生关联交易的现象也较少，并且也可以有效地抑制公司的税收激进政策和盈余管理行为（李彬等，2018）。另外，税收征管有助于提升其他外部治理机制要素的作用效果。例如，在税收征管强度较高的地区，机构投资者对管理者机会主义的抑制作用尤为明显（蔡宏标和饶品贵，2015）。

2.4 本章小结

综上分析可以发现：

首先，目前对于"成本粘性成因研究"的理论相对成熟，对"代理问题引发了成本粘性"有比较统一的认识，但在代理问题的研究层面上，大多数研究集中在管理者和股东之间代理问题对成本粘性的影响上，对股东之间代理问题和成本粘性的关系研究偏少，而且结论尚不统一。例如，有的研究从控制权和股权制衡角度研究认为，大股东代理问题增强了管理费用粘性（万寿义和田园，2017）；但从现金流权角度研究发现，大股东代理问题有利于抑制管理费用粘性（王明虎等，2011），两者的结论截然相反。对比分析发现，两者在分析方法和研究样本上都存在一定的差异，但截然相反的结论和鲜少的研究文献，说明第二类代理问题与成本粘性的关系需要进一步进行探索和研究。

其次，避税代理观研究成果日渐丰富。避税代理观主要研究了避税活动对代理问题的影响，而且普遍认为，避税活动增加了管理者和大股东的自利行为。但当名义税率调整、税前抵扣项目调整和税收征管强度变化时，基于避税代理观的企业成本管理影响研究几乎为空白。但是，我国大力实施减税降费的政策背景，亟须深入了解企业的避税动机和行为，是否影响和干扰了企业所得税税收改革的政策效应？因此，从税收改革的多元化形式出发，分析其对企业避税活动以及成本管理决策影响，了解其作用机制，是非常迫切和有价值的。鉴于该研究的价值性和欠缺性，基于避税代理观的成本粘性归因分析和作用机制研究亟须进行和推动。综述上述研究成果，本书首先归纳了企业所得税改革、避税活动、代理问题和成本粘性的关系，如图 2-3 所示。

最后，"税收的公司治理效应"研究处于起步阶段，税收调整和税收征管的公司治理作用得到初步证实，但税收治理效应是否改善了企业的管理效率和经营绩效？税收治理通过什么路径和作用机制对企业绩效发挥了作用？有关这些问题的研究尚无进展，而这恰好也是评估减税降费政策实施效果的重要内容，亟须进行论证和研究。

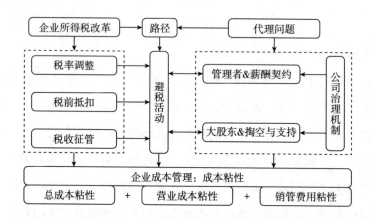

图2-3 企业所得税改革下避税活动、代理问题与成本粘性研究思路

也就是说，在税收改革的公司治理效应、避税活动导致的代理问题、代理问题引发的成本粘性三个方面，相关研究都有不同程度的进展，但综合三方面进行一体化的研究尚属空白。而当下，随着我国以改善企业经营活力为导向的减税降费政策的大力推广和实施，评估减税降费政策实施效果的要求日益迫切，尤其是在微观层面，该政策对企业成本管理效率和经营绩效的实施效果研究十分必要。因此，将上述三方面内容进行贯通一体化研究是非常有意义的。

3 我国企业所得税改革与实施分析

1994 年以来，为适应市场经济发展的阶段性变化，完善社会主义市场经济体制，我国政府在企业所得税税率、税收抵扣减免项目和抵扣比例以及税收征管等方面进行了不同程度的改革和调整，在此期间，企业的避税活动和实际税负也有较明显的变化。为了分析企业所得税改革对企业实际纳税情况和资源再配置下成本结构的影响，本章首先回顾和分析了自 1994 年以来，企业所得税改革的历史发展进程，包括对名义税率、税收征管和税收分享体制改革的分析等。其次，分析了我国上市公司 1994~2017 年所得税名义税率、实际税率和税收征管强度状况。最后，分析企业所得税改革进程中，企业面对不同方面的调整所进行的应对，包括成本结构和避税程度等。

3.1 我国企业所得税改革进程分析

我国自 20 世纪 80 年代以来，围绕企业所得税进行了一系列改革。尤其是自 1994 年以来，我国先后进行了以完善社会主义市场经济体制为指导思想的税制改革，分别在税种设置、税率调整、税收征管和中央与地方的税收分享比例等方面不断进行改革，为不同经济增长阶段下的企业发展服务。企业所得税是国家对境内经营企业的各种收入所得征收的一种税，是国家参与企业利润分配的税收形式之一。从我国税收改革的进程来看，企业所得税的名义税率、征管程度和国家财政之间的分享制度等都经历了不同的发展阶段。

第一阶段为 1979～1993 年。在此期间，企业所得税改革主要表现为各类企业所得税税收法律的发布。尤其是围绕国营企业"利改税"改革，我国从 1979 年开始，改变国营企业的剩余经营成果上缴方式，变向国家上缴利润的方式为缴纳税金，这一变化标志着改革开放后我国的税制改革启动了，并且针对内资企业设置了国营企业、集体企业、私营企业所得税暂行条例等。其中，为了配合我国改革开放经济政策的发展需要，在 1980 年 9 月 10 日第五届全国人民代表大会第三次会议上通过了《中华人民共和国中外合资经营企业所得税法》和《中华人民共和国个人所得税法》，并在 1981 年 12 月 13 日颁布了全国人民代表大会常务委员会委员长令第十三号《中华人民共和国外国企业所得税法》。同时，在工商统一税、城市房地产税和车船使用牌照税的征收工作方面，明确了国家对中外合资经营企业、外国企业和外国公民的经营活动等的相关要求。由此，初步建立了适用当时需要的我国涉外税收制度，并且适应了对外开放初期我国引进外资、开展涉外经济技术合作的需要。

第二阶段为 1994～2011 年。在此期间，企业所得税改革主要表现为内资企业所得税税率的统一和税收征管的规范管理。包括统一内资企业所得税、实施分税制改革、集中税收征管权、实行企业所得税收入分享改革等。

第三阶段为 2011 年至今。在此期间，企业所得税改革主要表现为内外资企业所得税的统一，进一步针对高新技术企业的税收优惠规范化管理，以及根据去产能调结构的政策导向，配套推进固定资产加速折旧税收优惠政策等。企业所得税改革相关主要事件归集如表 3-1 所示。

在每个企业所得税改革事件中，名义税率、税收抵扣项目和比例调整都是关键内容。另外，随着国家企业所得税分享体制改革和税收征管改革等，企业面临的税收征管程度具有一定的差异。自 1994 年以来，我国的企业所得税改革进程加快，尤其在 2007 年发布的《中华人民共和国企业所得税法》（以下简称《企业所得税法》），是我国企业所得税改革进程中具有里程碑意义的重大事件。下文内容主要以《企业所得税法》为核心，分析我国企业所得税改革在名义税率、税收抵扣和税收征管方面的主要发展历程。

表 3 – 1　我国企业所得税改革主要事件

时间	事件
1980 年 9 月 10 日	发布《中华人民共和国中外合资经营企业所得税法》
1982 年 1 月 1 日	发布《中华人民共和国外国企业所得税法》
1983～1984 年	实施国营企业"利改税"改革，发布《中华人民共和国国营企业所得税条例（草案)》和《国营企业调节税征收办法》
1985 年 4 月 11 日	发布《中华人民共和国集体企业所得税暂行条例》，工商所得税变更为集体企业所得税
1988 年 6 月 25 日	发布《私营企业所得税暂行条例》
1991 年 7 月 1 日	发布《中华人民共和国外商投资企业和外国企业所得税法》，中外合资经营企业所得税、外国企业所得税合并为外商投资企业和外国企业所得税
1994 年 1 月 1 日	统一内资企业所得税，施行《中华人民共和国企业所得税暂行条例》
1994 年 1 月 1 日	实施《关于实行分税制财政管理体制的决定》
2000 年 1 月 11 日	发布《关于纠正地方自行制定税收先征后返政策的通知》
2001 年 5 月 1 日	实施《中华人民共和国税收征收管理法》（新征管法）
2002 年 1 月 1 日	实施所得税收入分享改革，发布《所得税收入分享改革方案》
2008 年 1 月 1 日	内外资企业两税合并，施行《中华人民共和国企业所得税法》
2014 年 1 月 1 日	实施《关于完善固定资产加速折旧企业所得税政策的通知》
2017 年 2 月 24 日	《中华人民共和国企业所得税法》修订
2019 年 4 月 23 日	国务院令第 714 号修订《中华人民共和国企业所得税条例》

资料来源：中华人民共和国财政部官网、中华人民共和国税务局官网。

3.1.1　名义税率方面

1994 年以来，我国企业经历了内资企业名义所得税税率由不统一到统一、内外资企业所得税名义税率由不统一到统一的发展阶段。

3.1.1.1　内外资企业名义所得税税率不统一阶段

在 2007 年 12 月 31 日之前，我国企业所得税针对外资企业和内资企业分别立法。其中，1991 年第七届全国人民代表大会第四次会议通过的《中华人民共和国外商投资企业和外国企业所得税法》，指导规范外资企业的所得税纳税工作，《中华人民共和国外商投资企业和外国企业所得税法》规定："根据外商投资企业和外国企业注册地址、经营范围和利润再投资等不同情况，分别执行 0%、15%、24% 和 30% 等不同的优惠税率。"1993 年中华人民共和国国务院令（第 137 号）《中华人民共和国企业所得税暂行条例》适用于内资企业，该暂行条例规定："内资企业执行33%的税率，小规模企业执行18%和27%两档低税率，并对特定区域范围内的企业设置优惠政策。"①

3.1.1.2　内资企业名义所得税税率差异与统一的阶段

根据 1993 年 12 月 15 日颁发的《国务院关于实行分税制财政管理体制的决定》国发〔1993〕第 85 号文件精神，原来专司税收征管工作的税务机构一分为二，根据税收征缴归属原则，区分为国家税务机构和地方税务结构。由于企业所得税的征收属地原则，后续期间，各级地方政府基于带动当地经济发展和税收竞争等原因，分别在不同程度上自行推出了一些优惠政策，如税收减免和"先征后返"等，导致 1994~2001 年，本应执行 33% 名义所得税税率的企业，实质上执行的纳税比例与名义税率有较大差别。为此，中央政府在 1998 年 3 月 12 日颁发《国务院关于加强依法治税严格税收管理权限的通知》（国发〔1998〕4 号），并在 2000 年 1 月 11 日发布《国务院关于纠正地方自行制定税收先征后返政策的通知》（国发〔2000〕2 号），2000 年 10 月 13 日，中华人民共和国财政部发布《财政部关于进一步认真贯彻落实国务院〈关于纠正地方自行制定税收先征后返

---

① 特定区域包括经济特区（深圳、珠海、汕头、厦门和海南省）、沿海开放城市（14 个城市）、沿海经济开放地区（10 个省市）、经济技术开发区（32 个城市）、专为台湾设立的投资区（4 个区）、上海浦东开发区和保税区（13 个城市和地区）、高新技术开发区（52 个区）、边境开放城市（13 个）及苏州工业园区等。在这些区域内分别适用低税率、五年免征、减半征收等不同的税收优惠政策。

政策的通知〉》（财税〔2000〕99 号），文件要求"自 2002 年起取消地方政府的'先征后返'税收优惠政策后，严格按照税法规定税率缴纳企业所得税"。此外，为了支持我国经济特区发展和鼓励特定地区发展等原因，国务院对这些地区企业设定了 15%、18% 和 24% 等不同的税率优惠政策。即在《中华人民共和国企业所得税法》颁发之前，由于客观和主观的原因，1994 ~ 2001 年，我国内资企业所得税执行税率多元化现象比较普遍，尤其是相当一部分本应执行 33% 名义税率的企业，实质执行了程度不等的低税率。随着中央政府对地方政府税收管理行为的纠正和规范，2002 ~ 2007 年，上述内资企业之间的税率差异现象有所减少①，内资企业执行的名义所得税税率基本一致。

3.1.1.3 内外资企业所得税税率统一阶段

为进一步完善我国社会主义市场经济体制，统一、规范税收政策环境，促进各类企业公平竞争，2007 年 3 月 16 日，第十届全国人民代表大会第五次会议审议通过了《中华人民共和国企业所得税法》，国务院于 2007 年 12 月 28 日通过了《中华人民共和国企业所得税法实施条例》（以下简称《实施条例》），取消内外资企业所得税名义税率差异，统一适用 25% 的企业所得税名义税率，《企业所得税法》和《实施条例》自 2008 年 1 月 1 日起施行。同时，在税收优惠政策方面，执行产业优惠导向，规定对国家重点支持的高新技术产业性企业执行 15% 的企业所得税税率，并严格规范税收优惠的范围，取消先前制定的多种优惠政策，并对原先享受税收优惠的企业确定了企业所得税税率调节过渡期。2002 ~ 2012 年，以 2007 年《中华人民共和国企业所得税法》的颁发为分界线，前后阶段内企业执行的所得税名义税率具有明显的变化。2007 年后，原来享受税收优惠政策的企业所执行的新的企业所得税税率普遍上涨，而 2007 年之前未享受税收优惠政策的企业所执行的新的企业所得税税率普遍下调。2012 年之后，除了针对特定区域、特定企业实行税收优惠政策之外，企业所得税税率主要包括 25% 和 15%

---

① 各级地方政府自行制定减免税的情况在各个阶段都有发生，即使是在执行《中华人民共和国企业所得税法》之后。对此，2015 年 1 月 19 日，财政部和税务总局联合下发了《关于坚决制止越权减免税加强依法治税工作的通知》。

两档，并保持相对稳定。

企业所得税法规范了税收优惠的范围，并对即将实施的优惠政策和先前执行优惠政策公司的后续纳税行为进行规范说明：①税法第二十八条规定："国家需要重点扶持的高新技术企业，减按15%的税率征收企业所得税"；②税法第五十七条规定："享受定期减免税优惠的，按照国务院规定，可以在本法施行后继续享受到期满为止，但因未获利而尚未享受优惠的，优惠期限从本法施行年度起计算"，如2008年之前享受"两免三减半""五免五减半"等定期减免税优惠的企业；③《财政部、国家税务总局、海关总署关于西部大开发税收优惠政策问题的通知》（财税〔2001〕202号）中规定，西部大开发企业所得税优惠政策将继续执行。此外，企业所得税法较暂行条例在可抵扣的工资薪金、广告和业务宣传费、研发支出等方面有较大变化，分别提高了可抵扣的比例和金额。

3.1.2 企业所得税可抵扣项目方面

我国自2008年1月1日开始实施的《企业所得税法》，对企业的成本费用抵扣范围和抵扣程度进行了调整，直接影响了企业的成本管理活动，并可能改变成本构成的比例关系。具体来说，新税法在工资薪金、广告和业务宣传费、研发投入等方面扩大了抵扣范围和优惠力度。

3.1.2.1 计税工资由标准扣除向据实扣除转变

《中华人民共和国企业所得税暂行条例》第六条、《中华人民共和国企业所得税暂行条例实施细则》第十一条对工资薪金的抵扣有明确规定：按照计税工资标准扣除。即计税工资并不是据实扣除，而是在不同阶段，根据不同的财税通知进行标准扣除。例如，财税〔1994〕9号规定："计税工资的月扣除最高限额为500元/人，具体扣除标准可由省、自治区、直辖市人民政府根据当地不同行业情况，在上述限额内确定，并报财政部备案。个别经济发达地区确需高于该限额的，应在不高于20%的幅度内报财政部审定。财政部将根据国家统计局公布的物价指数对计税工资限额作适当调整，各地可据此相应调整计税工资标准。发放工资在计税工资标准以内的，按实扣除；超过标准的部分，在计算应纳税所得额时不得扣除。"根据财税〔2006〕126号："自2006年7月1日起,企业所得税税前扣除的计税工资定额标准统一调整为每人每月1600元,同时停止执行按20%比例上浮的政策,企业实际发放的工资额在上述扣除限额以内的部分,允许在企业所得税税前据实扣除;超过上述扣除限额的部分,不得扣除。"即自1994年以来,我国一直实行计税工资标准扣除法。工资标准由财政部等部门根据国民经济增长水平等进行不定期的修订和调整,这种做法一直持续到新税法实施之前。

《中华人民共和国企业所得税法》第八条和《中华人民共和国企业所得税法实施条例》第四十三条对工资薪酬的抵扣做了重大调整,明确规定:"企业发生的合理工资薪金支出,准予扣除。工资薪金包括基本工资、奖金、津贴、补贴、年终加薪、加班工资,以及与员工任职或者受雇有关的其他支出。对合理的判断,主要从雇员实际提供的服务与报酬总额在数量上是否配比合理进行,凡是符合企业生产经营活动常规而发生的工资薪金支出都可以在税前据实扣除。"针对2007年颁发的《企业所得税法》在工资薪金方面的重大调整进行研究发现,这次税收改革之后,我国企业普遍提高了员工的平均薪酬水平。尤其是普通员工的薪酬水平得到了提高,企业高管与普通员工之间的薪酬差距有所减小(韩晓梅等,2016)。

此外,《中华人民共和国企业所得税法》第三十条还规定:"对安置残疾人员及国家鼓励安置的其他就业人员所支付的工资可加计扣除范围。"《中华人民共和国企业所得税法实施条例》第九十六条对此进行了说明:"企业安置残疾人员的,在按照支付给残疾职工工资据实扣除的基础上,按照支付给残疾职工工资的100%加计扣除。残疾人员的范围适用《中华人民共和国残疾人保障法》的有关规定。企业安置国家鼓励安置的其他就业人员所支付的工资的加计扣除办法,由国务院另行规定。"

综上分析,以《企业所得税法》为标志的企业所得税改革,对工资计税抵扣进行了重大实质性的改革和突破,由原来的标准扣除转为据实扣除。同时,由于工资薪酬的抵税作用,企业在此次税改之后,对工资薪酬进行了重大调整,影响了企业的成本结构比例。

3.1.2.2 广告和业务宣传费税前扣除比例明显提高

广告和业务宣传费用对扩大企业营业收入具有重要作用，同时也容易成为管理者谋求私利的途径。《中华人民共和国企业所得税暂行条例》第七条规定："对内资企业发生的广告费支出的税前扣除，需根据不同行业采用不同的比例进行限制扣除，具体扣除比率为销售收入的 2% 或 8%。在限额以内据实扣除，超过部分可无限期向以后纳税年度结转。业务宣传费在不得超过销货收入的 5‰ 范围，可据实扣除，超出 5‰ 部分当年不得扣除，以后年度也不得扣除。"即企业当年能够抵扣的业务宣传和广告费用的最大比例为销售收入的 8.5%。《中华人民共和国企业所得税法实施条例》第四十四条规定："企业发生的符合条件的广告费和业务宣传费支出，除国务院财政、税务主管部门另有规定外，不超过当年销售（营业）收入 15% 的部分，准予扣除；超过部分，准予在以后纳税年度结转扣除。"财税〔2012〕48 号进一步明确："化妆品制造与销售、医药制造和饮料制造（不含酒类制造，下同）企业发生的广告费和业务宣传费支出抵扣比例上调到当年营业收入的 30%。"对比《中华人民共和国企业所得税暂行条例》的规定，2008 年开始执行的《企业所得税法》显著提高了当年广告和业务宣传费用的税前抵扣比例，并对业务宣传费超出比例的部分，准予在以后纳税年度结转扣除。

一般来说，增加广告和业务宣传费用支出，会提升企业的社会知名度，提升销售水平。同时，由于其具备税收抵扣作用，所以，该规定可能会促使企业在广告和业务宣传方面的支出发生重大变化，从而改变其在总成本中的占比情况。纵观近年来，中央电视台黄金段广告投标费用不断创新高的现象，可能与该政策具有一定的关系。

3.1.2.3 科技创新和研发支出的税收优惠程度大幅提高

研发支出和科技创新是推动企业发展、开辟新的收入来源的重要动力。近年来，中央政府对企业的研发创新进行了大力支持，尤其在企业所得税方面，对比 2008 年之前实施的内资企业所得税暂行条例，企业所得税法的有关规定做了重大调整。《中华人民共和国企业所得税法实施条例》第七条明确规定："无形资产受让、开发支出在计算应纳税所得额时，不得扣除。具体是指不得直接扣除的纳税人购置或自行开发无形资产发生的费用。无形资产开发支出未形成资产的部分准予扣除。"《中华人民共和国企业所得税法》第十六条规定："企业转让无形资产，该资产的净值，准予在计算应纳税所得额时扣除"；同时新税法在第三十条中明确规定："开发新技术、新产品、新工艺发生的研究开发费用可以加计扣除。"《中华人民共和国企业所得税法实施条例》第九十五条："研究开发费用的加计扣除，是指企业为开发新技术、新产品、新工艺发生的研究开发费用，未形成无形资产计入当期损益的，在按照规定据实扣除的基础上，按照研究开发费用的 50% 加计扣除；形成无形资产的，按照无形资产成本的 150% 摊销。"

另外，《企业所得税法》第二十八条规定："国家需要重点扶持的高新技术企业，减按 15% 的税率征收企业所得税。"并于 2008 年 4 月 10 日，经国务院批准，由科技部、财政部、国家税务总局通过国科发火〔2008〕172 号文件发布《高新技术企业认定管理办法》及其附件《国家重点支持的高新技术领域》。

《企业所得税法》对科技创新、研发支出的税收优惠幅度非常大，我国很多上市公司也积极创新并享受了税收优惠政策。然而，该政策在发挥激励作用的同时，也存在一定的非效率现象。对此，围绕着研发税收优惠政策的经济效应，部分研究认为，"税盾"原理在高新技术企业所得税优惠政策实施中有明显体现，即很多企业竞相追求高新技术企业资格，其主要目的是追求低税率，实现公司避税（李维安等，2016）；同时，研发激励税收优惠政策，会激励公司进行研发操纵，最终导致公司研发绩效下降（杨国超等，2017）。也就是说，各类公司在一定程度上，利用了针对科技创新和研发开支的税收优惠政策，或真实或虚假地提高了研发确认金额，增加了管理费用或者无形资产摊销总额，进而影响了企业的成本结构。

3.1.3 税收征管方面

我国"十一五"期间的政府工作报告中，多次提到依法进行税收征管。不同的税收征管政策，会直接或间接导致企业面临不同的税收征管强度。因此，首先梳理1994年以来，我国税收征管范围和税收征管法案的出台或修订文件，列示我国税收征管改革主要进程的相关事件，如表3-2所示。

表3-2 我国税收征管改革主要事件

时间	事件
1994年1月1日	实施《关于实行分税制财政管理体制的决定》
1993年12月15日	发布《国务院关于实行分税制财政管理体制的决定》（国发〔1993〕第85号）；划分国税和地税
1995年5月18日	发布《国家税务总局关于企业所得税征收和管理范围的通知》（国税发〔1995〕23号），明确国税系统和地税系统征税范围
1998年3月12日	《国务院关于加强依法治税严格税收管理权限的通知》（国发〔1998〕4号）
2000年1月11日	《国务院关于纠正地方自行制定税收先征后返政策的通知》（国发〔2000〕2号）
2001年5月1日	《财政部关于进一步认真贯彻落实国务院〈关于纠正地方自行制定税收先征后返政策的通知〉》（财税〔2000〕99号） 中华人民共和国主席令第49号《中华人民共和国税收征收管理法（修正案）》，从2001年5月1日起施行
2001年5月18日	《国家税务总局关于贯彻实施〈中华人民共和国税收征收管理法〉有关问题的通知》（国税发〔2001〕54号）
2002年1月1日	实施所得税收入分享改革，发布《所得税收入分享改革方案》
2001年12月31日	《国务院关于印发所得税收入分享改革方案的通知》（国发〔2001〕37号）
2018年3月	第十三届全国人大第一次会议批准国务院机构改革方案，明确国地税机构合并，税收管理二元制模式终止

资料来源：中华人民共和国财政部官网、中华人民共和国税务局官网。

我国中央政府在1993年12月15日颁发《国务院关于实行分税制财政管理体制的决定》（国发〔1993〕第85号）文件，规定将税务征收结构区分为国家税务征收机构和地方税务征收机构；国家税务局在1995年5月18日发布了《国家税务总局关于企业所得税征收和管理范围的通知》（国税发〔1995〕23号），明确国家税务系统和地方税务系统对企业所得税的征税范围。一般而言，国税和地税执行不同的税收征管力度。这是因为，当生产要素能够自由流动时，高昂的税收成本会导致要素加速流出，体现为企业从高税负地区向低税负地区转移。一般来说，国家税务局由中央垂直管理，其征收的税源直接归属国家财政，用于全国财政开支，而地方税务局征收税源多数用于地方政府开支，所以，当地方税负过高导致企业大量移出之后，地方政府的利益首当其冲会受到损害，所以，这会加剧地方政府横向之间的税收竞争，即利用各种税收优惠政策挽留并吸引企业在当地驻资。据此发生的地方政府税收优惠竞争，通常表现为，地方税务系统征管税目的实际税率较低，也就是说其税收征管程度偏低（Keen and Marchand，1997；谢贞发和范子英，2015）；而国家税务局由于不存在这种横向竞争压力，所以，国家税务系统下调税率的压力不大，征管企业的税率相对来讲是比较高的，即税收征管强度的自主调节性较高（李明等，2018）。

由于分税制下企业所得税的征收属地原则，各级地方政府基于带动当地经济发展和税收竞争等原因，分别在不同程度上存在自行制定税收减免和"先征后返"等优惠政策的行为，严重干扰了我国税收政策的统一性和税权的集中性，而且导致企业为了享受低税率进行政治关联或偷税漏税等问题，税收秩序受到严重干扰，不利于企业公平竞争。为此，中央政府和财政部先后颁发《国务院关于加强依法治税严格税收管理权限的通知》（国发〔1998〕4号）、《国务院关于纠正地方自行制定税收"先征后返"政策的通知》（国发〔2000〕2号）、《财政部关于进一步认真贯彻落实国务院〈关于纠正地方自行制定税收先征后返政策的通知〉》（财税〔2000〕99号）等文件，为内资企业营造了公平竞争的经济环境和市场秩序。

针对1994年税制改革以来产生的问题，为保证国家税收政策的统一性，并为建立社会主义市场经济体制创造公平的税收环境，完善社会主义市场经济制度，2001年4月28日，九届全国人大常委会第二十一次会议通过了中华人民共和国主席令第49号《中华人民共和国税收征收管理法（修正案）》（以下简称新《征管法》），并从2001年5月1日起施行。国家税务总局于2001年5月18日颁发《国家税务总局关于贯彻实施〈中华人民共和国税收征收管理法〉有关问题的通知》（国税发〔2001〕54 号），明确了新旧《征管法》的区别，趋向于更加规范和有序地管理。税收征管效率的提升能显著提高企业所得税的实际税率（李建军，2013），尤其对非税收优惠地区制造业公司的实际税负影响显著为正（曹书军等，2009）。

另外，国务院于 2001 年 12 月 31 日发布了《国务院关于印发所得税收入分享改革方案的通知》（国发〔2001〕37 号），明确从 2002 年 1 月 1 日起实施所得税收入分享改革。这次改革按企业隶属关系划分企业所得税收入，实行中央和地方按比例分享。原来分别由国税局、地税局负责企业所得税征管的企业，征管关系不变，但自 2002 年 1 月 1 日起新登记注册的企业，企业所得税由国税局征管。这次改革形成了我国企业所得税征管的二元制，并且由于地税征管和国税征管可能存在的征管强度差异，使得部分企业在注册时间上仅仅差别前后几天，但因为处于登记时间临界点前后，最终面临的税收征管体制却非常不同，也导致企业能够享受的地方税收优惠和地方税收征管优惠有明显的区别，最终导致企业的实际税率差别较大。此外，《中华人民共和国企业所得税法》也进一步完善和加强了税收管理和反避税措施，税务部门调整了企业所得税的预缴口径，规定预缴所得税时不再允许抵扣以前年度亏损，只能在次年年初汇算清缴时一次性抵扣，等等。

回顾我国的税收征管模式可知，自中华人民共和国成立至 20 世纪 80 年代初期，"一员进厂，各税统管，征管查合一"的税收征管模式配合高度集中的计划经济管理体制走过了 30 年左右的岁月；随着十一届三中全会提出实行有计划的商品经济体制改革，税收征管模式转变为"征收、管理、检查三分离"或"征管、检查两分离"的形式，实行不同形式的分责，以分解税收专管员的权力，制约税收征管漏洞；此后我国确立社会主义市场经济体制建设方向，国发〔1993〕第 85 号文件确立了分设国税和地税系统，国家税务局 1995 年 5 月 18 日发布国税发〔1995〕23 号，明确国家税务系统和地方税务系统企业所得税征税范围，要求实行"以纳税申报和优化服务为基础，以计算机网络为依托，集中征收，重点稽查"的新征管模式（韦巍和罗宏，2008），全面推行纳税申报制度，专管员的工作方式由管户向管事转变。进入 21 世纪以来，随着 2001 年 4 月 28 日九届全国人大常委会第二十一次会议通过了中华人民共和国主席令第 49 号《中华人民共和国税收征收管理法（修正案）》，结合 2001 年以来中央政府集中税收管辖权，规范地方政府的优惠政策等，以"规范管理、全面管控"为特征的税收征管模式得到全面推广和执行，税收征管效率得到提升，我国的财政税收资源连续多年呈现稳步增长趋势。尤其自 2001 年 12 月 31 日国务院发布《国务院关于印发所得税收入分享改革方案的通知》（国发〔2001〕37 号），决定从 2002 年 1 月 1 日起实施所得税收入分享改革以来，明确了按企业隶属关系划分所得税收入的原则，对企业所得税收入实行中央和地方按比例分享（2002 年企业所得税收入中央与地方分享比例为 1∶1；2003 年及以后年度企业所得税收入中央与地方分享比例为 3∶2），此后相当长的时间内（至 2018 年 3 月），我国的税收征管一直保持这种二元制模式。

3.2　我国企业所得税改革实施情况分析

3.2.1　我国上市公司企业所得税名义税率与实际税率情况

3.2.1.1　样本选择

为了分析我国上市公司企业所得税名义税率与实际税率的发展情况，本文选用 1994～2017 年我国上市公司为样本，按照常规惯例删除了 ST 和 ＊ST 类公司①，并对企业所得税名义税率缺失的公司样本也进行了删除。根据我国税收改

---

① 该样本数据中不包括 ST 和 ＊ST 公司，后面的研究样本中如果不做特殊说明，均不包括 ST 和 ＊ST 公司。

革的重要事件以及发生时点，对样本期间上市公司的企业所得税情况区分为四个
阶段：第一阶段为 1994～2001 年，此时，内外资企业税率差异比较大，且内资
企业之间的税率差异也比较大。第二阶段为 2002～2007 年，该期间取消了各个
地方政府自行制定的"先征后返"等税收优惠政策，开始执行中央地方税收收
入分享制，并实施了《中华人民共和国税收征管法》，内外资企业税率差异依然
存在，但内资企业实质名义所得税税率的执行情况相对规范。第三阶段为 2008～
2012 年，从 2008 年开始，我国开始执行《中华人民共和国企业所得税法》，对
企业的税收抵扣项目和抵扣比例进行了重大调整，并取消了内外资企业的税率差
异；同时，针对 2008 年享受税收优惠政策的公司，推出了 5 年期税率渐变过渡
政策，且税收优惠的产业化倾向日趋明显。第四阶段为 2013～2017 年，该期间
内，我国企业所得税名义税率和税收征管法规等没有发生重大改革事件，税率和
税收征管相对平稳。表 3 – 3 列示了 1994～2017 年样本公司的分布情况。

表 3 – 3　1994～2017 年样本公司分布情况

年份	1994	1995	1996	1997	1998	1999	2000	2001
观测值	246	348	450	595	690	780	919	999
年份	2002	2003	2004	2005	2006	2007	2008	2009
观测值	1076	1232	1350	1421	1606	1940	2186	2277
年份	2010	2011	2012	2013	2014	2015	2016	2017
观测值	2353	2486	2666	2969	3353	3407	3415	3422

资料来源：根据 WIND 数据库数据整理所得。

3.2.1.2　变量说明

选用企业所得税名义税率、实际税率指标，对四个阶段期间企业所得税的税
负特点加以分析。其中，①企业所得税名义税率用 RATE 表示，数据取自 CS-
MAR 数据库中上市公司年度合并报表的公告内容。由于国家对于部分行业、部
分经济区域实施一定的税收优惠政策，所以，从企业所得税名义税率上看，除了
比较常见的 15%、25% 和 33% 的名义税率之外，还包括 7.5%、9%、10%、

11%、12%、12.5%、13.2%、13.5%、14.85%、16.5%、18%、20%、22%、24%、26.4%、27%、30% 17 种名义税率。②实际税率用 ETR 表示。目前，计算公司实际税率的方法有多种，本书选用的实际税率 = （所得税费用 – 递延所得税费用）/（税前利润 – 递延所得税费用/法定税率）①，其中递延所得税费用 = 当期递延所得税负债净增加额 – 当期递延所得税资产净增加额；由于 2001 年之前的数据中没有递延所得税费用，所以，在 2001 年之前的实际税率计算中，公式简化为当期所得税费用除以当期利润总额。

根据上述变量和样本区间划分阶段的说明，对我国上市公司企业所得税名义税率和实际税率的情况进行了统计和计算分析，如表 3 – 4 所示。

表 3 – 4　1994 ~ 2017 年样本公司所得税名义税率与实际税率统计

时间	1994 ~ 2001 年（8 年）				
变量	观测值	均值	25 分位	50 分位	75 分位
RATE	5027	16.38%	15.00%	15.00%	15.00%
ETR	5012	16.36%	9.25%	14.76%	17.91%
时间	2002 ~ 2007 年（6 年）				
RATE	8625	23.85%	15.00%	27.00%	33.00%
ETR	6269	20.43%	9.77%	18.36%	31.46%
时间	2008 ~ 2012 年（5 年）				
RATE	11968	18.90%	15.00%	15.00%	25.00%
ETR	8383	16.60%	10.46%	15.99%	23.98%
时间	2013 ~ 2017 年（5 年）				
RATE	16566	18.75%	15.00%	15.00%	25.00%
ETR	10540	17.23%	11.73%	16.21%	23.68%

资料来源：根据 CSMAR 数据库数据整理所得。

根据表 3 – 4 分析可知：

（1）1994 ~ 2001 年，总体观测值包括 5027 个样本，上市公司企业所得税名

---

① 此处实际税率的计算方式，根据吴联生和李辰（2007）文中内容确定。

义税率均值为 16.38%，且在 75% 的分位数上税率为 15%，说明大部分上市公司没有遵循 33% 的企业所得税名义税率，而是通过各种路径享受了税率优惠。实际税率均值为 16.36%，在 50% 分位数上的实际税率为 14.76%，说明一部分上市公司的实际税率偏高，但大部分上市公司的实际税率接近企业所得税名义税率 15%。

（2）2002~2007 年，共有 8625 个样本观测值，上市公司企业所得税名义税率均值为 23.85%，且仅在 25% 的分位数上税率为 15%，在 50% 的分位数上税率为 27%，在 75% 的分位数上税率为 33%，说明该阶段大部分上市公司所执行的企业所得税名义税率比 1994~2001 年显著提高，税率优惠政策覆盖范围明显缩小，这也证明我国税收征管规范性治理效果良好。实际税率均值为 20.43%，较 1994~2001 年上涨了 4.07 个百分点，但在分位数分布上，各个区间的实际税率均小于名义税率，说明在名义税率提高的同时，上市公司也通过各种方式增强了税收筹划能力，实际税率比名义税率低 3.42 个百分点，企业存在普遍的避税活动。但总体上来说，税收征管工作效率有所提高，企业的实际税率上升了。

（3）2008~2012 年，共有 11968 个样本观测值，上市公司企业所得税名义税率均值为 18.9%，对比 2002~2007 年的 23.85% 有明显回落，降低了 4.95 个百分点。同时，由于对高新技术产业实行 15% 的税率优惠政策，以及 2007 年之前部分税收优惠政策的延续和过渡等原因，该期间名义税率中值水平为 15%，与 2013~2017 年的名义税率分布情况近乎一致。在实际税率方面，平均实际税率为 16.60%，比较 2002~2007 年有所回落，也比同期间名义税率均值低了 2.3 个百分点。即在名义税率降低的同时，企业的实际税率也有所下降，说明大部分企业依然存在普遍的避税活动。

（4）2013~2017 年，共有 16566 个样本观测值，上市公司企业所得税名义税率均值为 18.75%，实际税率平均值为 17.23%，名义税率和实际税率均值仅相差 1.52 个百分点，企业避税程度有所降低。对比 2008~2012 年的情况，发现该阶段名义税率均值略有下降，但实际税率均值略有提高。需要补充说明的是，2013~2017 年，我国先后试点并推广了"营改增"，这可能会对企业所得税税负造成影响，然而，通过文献梳理发现该影响可以忽略。例如，有的研究发现，全国"营改增"试点公司的企业所得税税负较非试点公司有所下降，但不显著（曹越等，2017）。此外，财政部和国家税务总局于2014年10月20日联合发布《关于完善固定资产加速折旧企业所得税政策的通知》（财税〔2014〕75号）[①]，对比于未享受优惠政策的企业，享受优惠政策的企业，在政策实施后显著扩大了固定资产投资幅度（刘行等，2018），意味着这部分企业随后的企业所得税实际税率会降低。这与该阶段实际税率均值的上升形成鲜明对比，这可能与税收征管强度的调整有关。

为了更直观地观测样本公司在1994～2017年各阶段企业所得税名义税率和实际税率的情况，对名义税率和实际税率的平均值绘制柱状图加以展示，如图3－1所示。

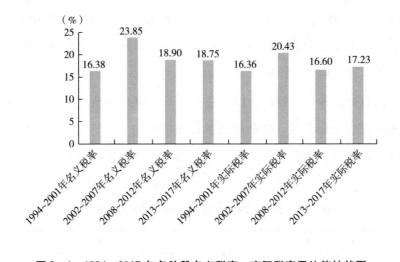

图3－1 1994～2017年各阶段名义税率、实际税率平均值柱状图

根据图3－1可以发现，上市公司企业所得税名义税率和实际税率在2002～2007年明显较高，其他时间段内均值基本稳定；另外，在这四个时期内，样本

---

① 2014年10月20日，财政部和国家税务总局联合发布《关于完善固定资产加速折旧企业所得税政策的通知》（财税〔2014〕75号）。该通知规定：生物药品制造业等六大行业的企业2014年1月1日后新购进的固定资产，可缩短折旧年限或采取加速折旧的方法。

公司的企业所得税名义税率均值都高于其实际税率，说明我国上市公司普遍存在一定的避税活动。

3.2.2 企业所得税改革期间上市公司成本结构分析

3.2.2.1 样本选择

由于企业所得税改革进程中一些特定事件的影响，企业面临的企业所得税税收抵扣项目和抵扣比例有一定变化，企业可能会将这些政策影响融入具体的投资、避税等决策中，从而对企业成本资源配置产生直接或者间接作用，导致成本结构发生变化。为了验证这种逻辑推论的可行性，下面对我国上市公司在企业所得税改革期间的成本结构进行分析。

首先，选择 2002～2017 年为样本期间，以沪深 A 股上市公司为样本。由于 ST 和＊ST 类公司的特殊性，以及金融行业上市公司的行业特殊性和会计准则应用特殊性，对上述数据进行了剔除；同时，对成本数据不完整的样本进行了删除。经过上述处理后，获得沪深 A 股上市公司 16 年累计数据 30320 个。另外，考虑数据的可得性和可比较性，以《企业所得税法》实施之前、实施过渡期和实施过渡期之后为分界线，将企业成本管理情况划分为三个阶段：2002～2007 年、2008～2012 年和 2013～2017 年。样本分布情况如表 3－5 所示。

表 3－5   2002～2017 年成本结构样本公司分布情况

年份	2002	2003	2004	2005	2006	2007	2008	2009
观测值	1015	1081	1169	1179	1250	1408	1459	1602
年份	2010	2011	2012	2013	2014	2015	2016	2017
观测值	1946	2179	2321	2370	2485	2679	2905	3272

资料来源：根据 CSMAR 数据库数据整理所得。

3.2.2.2 变量说明

在上市公司成本结构分析中，主要进行成本结构分析、成本收入占比分析和成本收入绝对值分析。其中，数据来源为 CSMAR 数据库中我国上市公司的年度合并报表。在成本结构分析中，包括销售或者营业费用（Se）、管理费用（Ge）、营业成本（Cost）、员工薪酬（Xch）在总成本（tcost）中的占比情况，依次用 Se/tcost、Ge/tcost、Cost/tcost、Xch/tcost 表示。在成本收入占比分析中，主要分析销售或者营业费用（Se）、管理费用（Ge）、营业成本（Cost）、员工薪酬（Xch）和营业收入（sales）的占比情况，依次用 Se/sales、Ge/sales、Cost/sales、Xch/sales 表示。此外，还包括总成本和营业收入的绝对值数据。针对上述数据，依次区分 2002～2007 年、2008～2012 年、2013～2017 年三个子样本阶段进行了说明，也包括 2002～2017 年总样本数据的成本结构分析，如表 3-6 所示。

对表 3-6 中有关 2002～2017 年成本结构分析可知：

首先，有关销售费用（Se）的分析。①销售费用占总成本的比重方面，2002～2007 年，销售费用占总成本的比重的平均值为 6.22%，2008～2012 年为 6.96%，2013～2017 年为 8.01%，呈依次上升趋势。说明随着《企业所得税法》对企业广告和业务宣传费用税前抵扣比例的提升，企业对广告和业务宣传的投入有所提高，并且表现出明显的持续性投入特征。②在销售费用与销售（营业）收入的比例关系方面，销售费用占销售（营业）收入比例的均值总体为 6.71%，三个阶段的具体情况依次为 6.28%、6.98% 和 7.36%，具有上升趋势，与其在成本结构中的占比趋势相同。同时，也说明企业为了获得相同单位的营业收入，需要投入更多的销售费用，即销售费用创收的边际效应有所下降。

其次，有关管理费用（Ge）的分析。①管理费用占总成本的比重方面，三个阶段管理费用占总成本比重的均值依次为 11%、10.3% 和 11.68%，变化趋势不明显。②在管理费用与销售（营业）收入的比例关系方面，管理费用占销售（营业）收入比例的均值总体为 10.92%，三个阶段的比重变化略呈"U"形，依次为 13.25%、12.03% 和 12.29%。基本与其在成本结构中的占比状况相似。

再次，有关营业成本（Cost）的分析。①营业成本占总成本的比重方面，各阶段占比均值依次为 77.61%、77.41%、74.96%，呈下降趋势。同时，对其进行四分位分析也发现，随着时间的推移，各个阶段各分布区间的营业成本占比均

表 3-6 2002~2017 年成本结构统计

时间	变量	2002~2007 年					2008~2012 年				
		观测值	均值	25 分位	50 分位	75 分位	观测值	均值	25 分位	50 分位	75 分位
成本结构分析	Se/tcost	7102	6.22%	2.06%	4.08%	7.57%	9507	6.96%	1.92%	4.07%	8.20%
	Ge/tcost	7102	11.00%	4.84%	8.24%	13.36%	9507	10.30%	4.76%	8.06%	12.50%
	Cost/tcost	7102	77.61%	72.36%	82.16%	88.40%	9507	77.41%	71.92%	81.81%	87.90%
	Xch/tcost	7102	8.78%	4.44%	7.35%	11.38%	9507	11.40%	5.52%	9.36%	14.61%
成本销售比分析	Se/sales	7100	6.28%	2.06%	4.01%	7.47%	9499	6.98%	1.80%	3.84%	7.62%
	Ge/sales	7100	13.25%	4.50%	7.67%	12.47%	9499	12.03%	4.45%	7.37%	11.33%
	Cost/sales	7100	76.25%	68.38%	79.32%	86.47%	9499	73.20%	63.49%	76.83%	85.64%
	Xch/sales	7100	29.03%	4.41%	7.17%	11.06%	9499	20.50%	5.23%	8.60%	13.41%
成本和销售收入值分析（万元）	Tcost	7102	289503.1	34330	77135	179400	9507	715639.1	46180	115900	299100
	Sales	7102	310513.2	35190	81215	187800	9507	758010.9	50450	124700	325200

续表

时间	变量	2013～2017 年					2002～2017 年				
		观测值	均值	25 分位	50 分位	75 分位	观测值	均值	25 分位	50 分位	75 分位
成本结构分析	Se/tcost	13711	8.01%	2.33%	4.70%	9.48%	30320	7.26%	2.13%	4.36%	8.58%
	Ge/tcost	13711	11.68%	5.80%	9.66%	14.57%	30320	11.09%	5.18%	8.83%	13.70%
	Cost/tcost	13711	74.96%	68.83%	79.18%	85.76%	30320	76.35%	70.59%	80.66%	87.15%
	Xch/tcost	13711	14.36%	7.37%	12.28%	18.65%	30320	12.12%	5.83%	9.96%	15.79%
成本销售比分析	Se/sales	13711	7.36%	2.21%	4.44%	8.81%	30310	6.71%	2.05%	4.15%	8.11%
	Ge/sales	13711	12.29%	5.42%	8.82%	13.28%	30310	10.92%	4.84%	8.12%	12.52%
	Cost/sales	13711	70.96%	61.73%	73.81%	83.23%	30310	72.90%	63.79%	76.04%	85.01%
	Xch/sales	13711	14.26%	6.88%	11.31%	17.31%	30310	19.67%	5.55%	9.35%	14.66%
成本和销售收入值分析（万元）	Tcost	13711	889409.1	63450	152600	423600	30320	694403.7	48850	117950	311500
	Sales	13711	932868.9	68730	164100	449500	30320	732263.8	52650	127000	333800

资料来源：根据 CSMAR 数据库数据整理所得。

有所下降。②在营业成本与销售（营业）收入的比例关系方面，营业成本占销售（营业）收入比例的均值总体为72.90%，三个阶段的比重变化呈明显下降趋势，依次为76.25%、73.20%和70.96%，与其在成本结构中的占比状况类似。

最后，有关员工薪酬（Xch）的分析。①员工薪酬占总成本的比重方面，各阶段占比均值依次为8.78%、11.40%和14.36%，具有明显的上升趋势，其四分位分布在各个阶段的上升趋势也非常明显。②在员工薪酬与销售（营业）收入的比例关系方面，员工薪酬占销售（营业）收入比例的均值总体为19.67%，三个阶段的比重变化呈明显的下降趋势，依次为29.03%、20.50%和14.26%，该变化趋势与其在成本结构中的变化趋势截然相反。

为了更清晰地展示成本结构的变动情况，利用成本结构比重的均值进行了变化趋势描述，如图3-2所示。

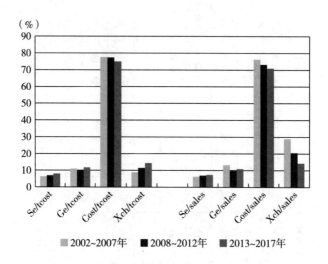

图3-2　2002～2017年成本结构平均值柱状图

另外，分析总成本和销售（营业）收入自身的变化情况（万元）。在2002～2017年三个阶段期间，总成本均值依次为289503.1万元、715639.1万元和889409.1万元；销售（营业）收入的均值依次为310513.2万元、758010.9万元和932868.9万元。2008年前后对比，总成本和销售（营业）收入均值的变化非常明显，且总成本和营业收入波动的同步性比较好。

3.2.3 各地区税收征管强度

税收征管体现了国家税收管理的能力和水平，是税收管理体系中的重要环节，是保障国家税源收入变现程度的基本手段，也是保障税收改革发挥产业引导功能的重要保障，亦是规范和监督纳税人依法纳税、提高纳税义务履行意愿的主要方式（李漾，2011）。在有关税收征管的文献研究中，Lotz 和 Morss（1967）、Mertens（2003）、Newlyn（2002）、Xu 等（2011）、曾亚敏和张俊生（2009）等将税收征管强度（TE）定义为各地区实际税收收入与预期可获取的税收收入之比。参考前期文献研究，此处将税收征管强度定义为，各地区每年的实际税收收入和预算税收收入之间的比例关系，用 TE 表示，该比值越高，则表明当地税收征管强度越大。

为了计算税收征管强度，首先需要估算各地区预期可获取的税收收入。对此，参考 Mertens（2003）、Xu 等（2011）和陈德球等（2016）的研究构建模型：

$$T_{i,t}/GDP_{i,t} = \beta_0 + \beta_1 \times Ind_{1i,t}/GDP_{i,t} + \beta_2 Ind_{2i,t}/GDP_{i,t} + \beta_3 Openness_{i,t}/GDP_{i,t} + \varepsilon$$

（3.1）

其中，$T_{i,t}$ 为各地区当年末实际税收收入，$GDP_{i,t}$ 代表各地区每年的实际生产总值，$T_{i,t}/GDP_{i,t}$ 代表实际税收收入占国民生产总值的比重。Ind_1 为当前某地区第 1 产业的产值绝对值，Ind_2 为当前某地区第 2 产业的产值绝对值，$Openness$ 代表地区开放度，用当年末地区的进出口总额表示。将各地区样本数据代入模型（3.1）进行回归分析，利用回归系数和各地区当年实际第一、二产业产值和地区开放程度数据，估算各地区预期的税收收入和生产总值的比例，用 $Predict（T_{i,t}/GDP_{i,t}）$ 表示。而后，计算税收征管强度（TE），计算公式如下：

$$TE = (T_{i,t}/GDP_{i,t})/Predict(T_{i,t}/GDP_{i,t})$$

（3.2）

其中，地区实际税收收入，第一、二产业产值和进出口总额，以及地区生产总值均通过国家统计局地区数据获取。根据统计数据的可获得性，对 1998～2016 年我国各地区的税收征管强度进行估算，并结合历年各地区平均税收征管强度进行了趋势分析。

表3-7列示了各地区1998~2016年的税收征管强度。从表中可以观测，1998~2001年，税收征管强度大于等于1的地区分别是20个、22个、16个、16个。2002年实施所得税收入分享改革并执行税收征管法后，高税收征管强度的地区有所降低，减少为12个；在2003~2008年期间维持高征管强度的地区比较少，分别为6个、5个、5个、5个、13个和8个地区；2009年后，高征管强度的地区数据量明显上升，且在2015年达到峰值，为29个地区。

表3-7　1998~2016年各地税收征管强度估算值统计表

年份	1998	1999	2000	2001	2002	2003	2004	2005	2006	2007	2008	2009	2010	2011	2012	2013	2014	2015	2016
北京	1.02	1.02	0.99	1.02	0.95	0.95	1.08	1.02	0.95	0.97	0.94	0.98	1.00	1.04	1.02	1.00	1.03	1.04	0.98
天津	0.91	1.04	1.06	1.13	1.00	0.95	0.92	0.94	1.01	1.07	1.01	0.96	0.98	1.02	0.98	1.02	1.05	1.03	0.94
河北	1.46	1.03	0.95	0.87	0.86	0.90	0.91	0.96	0.97	0.98	0.89	1.01	0.99	1.01	1.14	1.11	1.05	1.01	0.98
山东	0.97	1.00	1.00	1.08	0.97	0.98	0.95	0.99	1.02	1.03	0.97	1.05	1.00	0.97	1.00	1.00	1.02	1.03	0.95
江苏	0.93	0.99	1.04	1.12	0.99	0.96	0.96	0.93	0.93	1.02	1.01	1.00	1.00	1.03	1.07	1.04	1.02	1.02	0.88
上海	1.25	1.04	0.88	0.87	0.89	1.12	0.83	1.11	1.01	1.05	1.00	1.00	0.99	1.00	0.99	0.98	0.98	1.01	1.04
浙江	1.14	1.25	0.82	0.98	0.82	0.99	1.00	0.98	0.95	0.99	0.99	1.00	1.02	1.04	1.04	1.02	1.03	1.01	0.99
福建	1.64	0.94	0.84	0.80	0.69	0.90	0.92	0.95	1.04	1.16	1.07	0.98	0.91	1.00	1.07	1.03	1.07	1.01	
广东	1.03	0.93	1.08	1.09	0.96	0.93	0.88	0.97	0.98	1.03	1.03	0.94	1.02	1.05	1.06	1.02	1.03	1.01	0.94
广西	1.06	0.99	0.96	1.17	1.02	1.01	0.93	0.94	0.92	0.94	0.95	0.98	1.01	1.04	1.04	1.05	1.02	0.94	
贵州	0.99	1.10	1.18	0.91	1.09	0.92	0.78	0.88	0.90	0.86	0.80	0.96	1.01	0.98	1.04	1.08	1.15	1.11	1.29
海南	0.91	1.14	1.13	0.97	1.00	0.99	0.85	1.01	0.95	0.93	1.02	1.03	1.08	1.06	1.03	0.94	1.01	1.02	0.95
河南	1.01	1.05	1.02	1.07	1.00	0.94	0.87	0.85	0.93	1.01	0.98	1.07	1.10	1.04	0.97	1.02	1.03	1.01	0.98
黑龙江	0.96	1.03	1.06	1.08	1.00	1.06	0.97	0.93	0.99	0.90	0.94	1.00	1.02	1.04	1.04	1.02	1.04	1.00	0.94
湖北	1.37	1.04	1.00	0.99	0.90	0.88	0.90	0.89	0.91	0.93	1.03	0.89	0.89	0.98	1.01	1.10	1.17	1.19	1.05
湖南	1.15	1.01	0.93	0.93	1.00	1.05	0.98	0.97	0.97	1.02	0.95	0.96	0.96	0.94	1.01	1.04	1.05	1.07	1.02
吉林	0.98	1.10	1.03	0.98	0.99	1.16	1.04	0.90	0.89	0.91	0.96	0.89	0.87	1.00	1.06	1.11	1.07	1.03	1.07
江西	1.07	0.97	0.89	1.02	1.28	0.84	0.85	1.01	1.05	1.01	0.87	1.08	1.02	0.92	1.03	1.10	1.05	1.04	0.91
甘肃	1.26	1.09	0.89	0.97	0.94	0.90	0.85	0.85	0.89	1.00	0.96	0.93	1.05	1.03	1.10	1.07	1.14	1.11	0.98
辽宁	1.25	1.01	0.75	0.81	0.97	0.89	1.06	1.00	0.94	0.91	1.03	1.02	1.06	1.16	1.13	1.01	1.00	0.78	1.23

续表

年份	1998	1999	2000	2001	2002	2003	2004	2005	2006	2007	2008	2009	2010	2011	2012	2013	2014	2015	2016
内蒙古	0.98	0.98	1.30	1.08	1.26	0.68	0.72	0.87	0.89	0.94	0.91	0.88	0.97	1.06	1.04	1.07	1.12	1.14	1.13
宁夏	1.14	1.11	1.06	1.11	0.86	0.80	0.87	0.89	0.95	0.96	0.93	0.86	0.99	1.09	1.10	1.15	1.19	1.08	0.91
青海	1.32	1.06	0.93	0.93	0.87	0.96	1.04	0.88	0.88	0.85	0.83	0.92	0.94	0.97	1.07	1.19	1.27	1.23	0.93
山西	1.74	0.90	0.87	0.74	0.81	0.79	0.84	0.89	0.90	1.02	1.01	1.09	1.04	1.03	1.12	1.17	1.20	1.05	1.02
陕西	0.97	1.13	0.99	1.08	0.96	1.06	0.89	0.88	0.91	0.95	0.93	1.07	1.01	1.09	1.09	1.06	0.99	1.04	1.00
安徽	1.12	1.12	1.11	1.00	0.95	0.92	0.90	0.85	0.91	0.94	0.98	0.88	0.94	0.92	0.98	1.05	1.10	1.21	1.11
四川	1.16	1.11	1.09	1.06	0.95	0.89	0.90	0.90	0.91	1.03	0.91	0.99	1.00	1.01	1.03	1.03	1.10	1.10	1.00
西藏	0.92	0.93	1.05	1.21	2.61	0.91	1.24	0.99	0.72	0.73	0.74	0.78	0.79	0.99	1.10	0.96	1.11	1.19	1.10
新疆	1.34	1.02	0.84	0.73	0.81	0.99	0.90	0.85	0.78	0.83	0.81	0.94	1.00	1.24	1.19	1.19	1.11	1.09	1.09
云南	1.02	1.06	1.10	1.10	1.05	0.97	0.89	0.84	0.83	0.89	0.97	1.06	0.99	1.07	1.09	1.10	1.02	1.00	0.95
重庆	1.13	1.05	0.99	1.01	1.01	0.94	0.94	0.99	0.97	0.91	1.03	1.00	1.08	1.09	1.00	1.06	0.94	1.10	1.05
平均值	1.13	1.04	0.99	1.00	1.02	0.94	0.93	0.93	0.93	0.97	0.94	0.97	1.00	1.02	1.05	1.06	1.07	1.06	1.01
强度 ≥1	20	22	16	16	12	6	5	4	5	13	8	14	17	22	25	27	27	29	15
强度 <1	11	9	15	15	19	26	26	27	26	18	23	17	14	9	6	4	4	2	16

资料来源：根据《中国统计年鉴——地区数据库》整理所得。

为了更清晰地观测我国税收征管趋势的变化，对各地区历年税收征管强度取平均值进行趋势分析。根据图3-3列示的情况，总体观测可知：1998~2002年，各地区税收征管强度普遍较高，平均税收征管强度大都高于1；2003~2007年税收征管强度平均值有所下降，为0.93~0.97；2008年之后，税收征管强度平均值呈逐年增长的趋势，并在2014年达到最高值1.07，之后略有回落。

结合图3-1和图3-3来看，我国税收管理中，企业所得税名义税率和税收征管强度之间存在"此消彼长、协调配合"的现象。在2001年之前，税收征管强度偏高，但企业所得税名义税率普遍较低；在2003~2007年，企业所得税名义税率明显提高，而税收征管强度略有下降；在2008~2011年，企业所得税名义税率普遍下降，但税收征管强度却陆续提高了。2012年以后，企业所得税名义税率没有太大变化，但因为"营改增"试点、固定资产加速折旧等优惠政策的实施，其他税收种类的税率可能下调，该时间段内税收征管强度明显提高了。

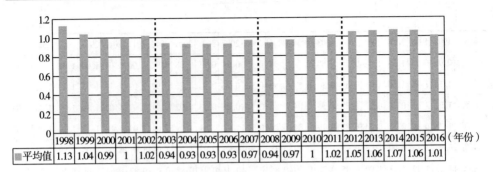

图 3 - 3　全国各地每年税收征管强度平均值柱状图

3.3　基于企业所得税改革的上市公司避税活动分析

在不违反税收法规的条件下，将企业应支付的纳税额降到最低水平，是企业避税活动的宗旨（王陆进，1993）。避税活动受到税率调整、税收征管等要素的影响。自我国1994年税制改革以来，先后在企业所得税税率、税收征管方面发生了较大变化，对上市公司的避税活动有一定的影响。自2007年企业所得税改革以来，企业所得税名义税率变动和企业避税程度之间具有一定的相关性。具体体现为，在企业所得税名义税率上升的公司里，企业的避税水平大幅提高，而在企业所得税名义税率降低的公司里，企业的避税行为也显著减少，并且在企业所得税名义税率不变的公司里，避税行为和程度没有显著调整（蔡蕾等，2017）。因为成本费用具有抵税作用，尤其是在新《企业所得税法》下，研发费用等类型的成本费用能够加计抵扣，甚至具有税率优惠门槛效应，因此，上市公司可能根据此类政策，利用成本管理进行避税活动，成本管理和避税行为存在互为因果的关系。为了进一步综合考察企业所得税改革对企业成本管理行为的影响，特别是通过成本管理实现避税的目的，以下内容特分析企业所得税改革背景下上市公司的避税活动。

3.3.1 上市公司避税活动的计量

目前，研究公司避税程度的指标主要有四种，依次是名义税率与实际税率的差、名义税率与实际税率差值的平均数、会计与税收差异、扣除应计利润影响之后的会计与税收差异（刘行和叶康涛，2013）。借鉴 Hanoln 和 Heitzman（2009）等对避税程度指标的选择和计量方法，分别对四种避税程度指标进行计算和分析。

3.3.1.1 企业所得税名义税率与实际税率的差（CHRATE）

由于我国税制改革的发展历程和各个阶段税收优惠的差异等，上市公司的企业所得税名义税率和享受的税收抵扣优惠具有多元化的特征，因此，企业的企业所得税实际税率不仅是上市公司避税的结果，也有先天税收适用性的差异，这种情况下运用实际税率表示企业避税程度，会导致企业之间的避税程度比较失真（刘行和叶康涛，2013）。为了使避税程度指标符合中国的实际国情，在具体计算中，一般采用两种方式：名义税率和实际税率的差，名义税率和实际税率之差的 N 年平均值。CHRATE 表示名义所得税税率减去实际所得税税率的差，其中，实际税率的计算参考 3.2.1 中有关变量的说明，在此不再赘述。此处与前文相同，由于 2001 年之前没有递延所得税数据，实际税率简化为企业所得税费用与税前总利润的比值。一般来说，CHRATE 数值越大，企业的避税程度越高。

3.3.1.2 企业所得税名义税率与实际税率差值的平均数（LRATE）

在税收征缴实践中，诸如企业对过去五年亏损利润的税前弥补、对过去超比例营业费用的税前扣除等情况比较多，即税收返还或者各类特殊性税前抵扣工作，需要多年的时间才能逐渐完成，所以，在此情况下使用 CHRATE 测量的避税程度可能有一定的偏差（Dyreng et al.，2008），因此，应将该情况加以考虑，并采用差值平均数衡量避税程度。具体来说，使用企业所得税名义税率与实际税率之差的五年（t−4 年至 t 年）平均值来表示企业避税，并用 LRATE 表示。通常 LRATE 数值越大，表示企业名义税率和实际税率差距的平均值越大，进而表示企业避税程度越高。

3.3.1.3 会计与税收差异（BTD）

我国会计准则和税法准则，对当期应确认的所得税费用不完全一致，企业当年缴纳税负依据税法准则确定，且税法准则通常是依据会计准则确认的收入成本，进行一定程度的调整。一般来说，中国上市公司的会计与税收差异越大，税务机关对之出具税务调整要求的概率就越高，两者之间具有显著正相关关系（Chan et al.，2010）。并且，我国的税务机关会利用会计与税收差异情况，去判断一家企业是否存在避税嫌疑（刘行和叶康涛，2013）。因此，用会计和税收之间的差异表示企业的避税程度成为一种常用做法。刘行和叶康涛（2013）用 BTD 表示会计和税收之间的差异，并界定它等于（税前会计利润 − 应纳税所得额）/期末总资产，其中，应纳税所得额 =（所得税费用 − 递延所得税费用）/名义所得税率；递延所得税费用 = 当期递延所得税负债净增加额 − 当期递延所得税资产净增加额。很多研究据此判断认为，如果企业的 BTD 较高，往往说明，这家企业大概率会利用会计税收差异来规避企业所得税，反之亦然。

3.3.1.4 扣除应计利润影响之后的会计与税收差异（DDBTD）

刘行和叶康涛（2013）提出使用（会计与税收差异 − 应计利润影响）数据来表示公司避税程度，并采用 DDBTD 表示该指标，DDBTD 取值越大，公司越可能利用这类盈余管理手段进行避税活动，从而代表了较高的避税程度。借鉴刘行和叶康涛（2013）有关 DDBTD 的计算方式，构建模型并列示计算过程如下：

首先，构建会计和税收之间差异 BTD 的计算模型（3.3）。

$$\text{BTD}_{i,t} = \alpha \text{Tacc}_{i,t} + \eta_i + \vartheta_{i,t} \tag{3.3}$$

上述模型中，Tacc 为应计利润总额，等于（净利润 − 经营活动产生的净现金流）/总资产，η_i 表示公司 i 在样本期间内残差的平均值，$\vartheta_{i,t}$ 表示 t 年度时间点上残差和公司平均残差 η_i 之间的偏离度。

其次，利用上述模型中的残差平均值 η_i 和偏离度 $\vartheta_{i,t}$ 计算 DDBTD。

$$\text{DDBTD} = \eta_i + \vartheta_{i,t} \tag{3.4}$$

DDBTD 代表 BTD 中不能被应计利润解释的那一部分。

根据上述避税程度的四种计算公式，选用1994~2017年我国上市公司样本数据，剔除ST和*ST公司，剔除金融类上市公司和数据不完整样本公司，以我国企业所得税改革的重大事件为标志，划分为1994~2001年、2002~2007年、2008~2012年和2013~2017年四个时间段，依次进行四类避税程度指标的计算，并就其均值、中值、25分位数和75分位数进行了介绍，如表3-8所示。

表3-8 1994~2017年沪深A股上市公司避税活动情况统计

| 时间 | 1994~2001年 | | | | | 2002~2007年 | | | | |
变量	观测值	均值	25分位	50分位	75分位	观测值	均值	25分位	50分位	75分位
CHRATE	5012	1.56%	-1.66%	0.28%	6.04%	6269	3.91%	-3.78%	2%	13.13%
LRATE	1664	1.58%	-1.79%	1.04%	5.90%	1620	3.35%	-3.85%	2.23%	9.44%
BTD	876	-0.83%	-1.63%	-0.10%	1.30%	6269	-1.22%	-1.78%	-0.11%	1.23%
DDBTD	876	1.71%	-1.58%	1.99%	5.25%	6269	0.84%	-2.0%	1.49%	4.53%
时间	2008~2012年					2013~2017年				
变量	观测值	均值	25分位	50分位	75分位	观测值	均值	25分位	50分位	75分位
CHRATE	8383	3.25%	-2.01%	1.05%	8.32%	10540	2.18%	-2.44%	0.96%	6.55%
LRATE	5329	4.68%	-2.20%	2.34%	10.08%	7555	2.56%	-2.22%	1.22%	7.11%
BTD	8383	-0.62%	-1.99%	-0.36%	1.00%	10540	-0.53%	-1.89%	-0.42%	0.82%
DDBTD	8383	-0.45%	-3.74%	0.15%	3.50%	10540	-0.14%	-2.90%	0.09%	2.87%

资料来源：根据CSMAR数据库和WIND数据库数据整理所得。

3.3.2 企业所得税改革下上市公司避税活动情况分析

表3-8列示了我国1994~2017年上市公司的避税情况，并利用前述四个避税程度指标的均值，对比了企业所得税改革期间上市公司的避税程度情况，具体如图3-4所示。

通过表3-8和图3-4分析可知：

（1）采用CHRATE和LRATE衡量的避税程度统计结果显示，1994~2017年，我国上市公司普遍存在程度不同的避税活动。其中，2002~2007年和2008

～2012 年，企业的避税活动比较高，而在 1994～2001 年和 2013～2017 年，企业的避税程度相对较低，这与税收征管程度均值分布趋势相吻合。

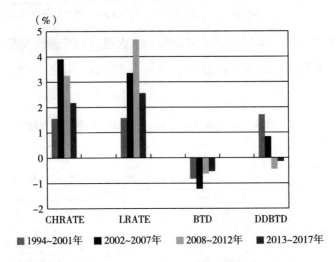

图 3－4　1994～2017 年上市公司避税程度均值柱状图

（2）利用 BTD 指标计量避税程度时发现，在整个选择样本期间，BTD 的均值和中位数都是负数，这与刘行和叶康涛（2013）的计量结果类似，表明大部分公司的应纳税所得额高于会计利润，通过暂时性纳税差异进行避税的方式几乎不可行。

（3）使用 DDBTD 指标计量避税程度时，上市公司 1991～2007 年，该指标的均值和中位数均为正，而在 2008～2017 年，该指标的均值为负，但中位数均依然为正。这说明从 BTD 中扣除应计利润和暂时调整项目的影响后，上市公司的避税活动具有普遍性。

3.4　本章小结

通过前述三节内容的分析可知：

（1）自 1994 年税制改革以来，①我国企业所得税名义税率在 2002～2007 年最高，其均值为 23.85%，在 2002 年之前的税率均值为 16.38%，在 2007 年之后的税率均值稳定在 18%~19%；②各地区税收征管强度经历了由高到低、再由低到高的转变过程，尤其是自 2008 年开始，各地区税收征管强度逐渐提升的趋势非常明显。综合来看，在企业所得税方面，自 1994 年以来，名义税率和税收征管程度呈"此消彼长"的状态。

（2）上市公司避税活动方面，2002~2007 年，企业所得税名义税率均值较高时，企业所得税实际税率均值也较高，为 20.43%，用 LRATE 衡量的公司的避税程度最高；2008~2012 年企业所得税名义税率均值与 2013~2017 年的没有实质差别，且略有下降，但 2013~2017 年，企业所得税实际税率均值为 17.23%，比 2008~2012 年企业实际税率均值有所上升，税收征管力度普遍较高。同时，各种避税程度指标都显示，2013~2017 年，企业避税程度略有下降，这可能与该阶段我国推行"营改增"、固定资产加速折旧税收政策等相关。

（3）上市公司成本结构中，销售费用和员工薪酬在总成本中的比重逐步提高，发展趋势相同。但在与销售（营业）收入的比例中，两者的表现截然不同，销售费用占营业收入的比重逐渐提高，而员工薪酬占营业收入的比重在逐步下降。管理费用的成本占比和收入占比均具有轻微的"U"形变化趋势，营业成本的成本占比呈缓慢的下降趋势，其收入占比也呈下降趋势，且下降比例非常明显。

对比 2002~2007 年和 2008~2012 年两个阶段税率、税收征管、避税程度和成本结构等发现，企业所得税改革对企业的成本管理产生了重大影响。上市公司避税活动减少，同时，成本结构中各类成本占比和收入占比都与税收调节预期类似。那么，在这些情况下，成本随收入波动的同步性是否改变了，即表现为更强的粘性关系还是线性关系？成本粘性的波动能否助力于改善企业绩效呢？这对企业来说是非常核心的问题，也是当下我国减税降费政策所追求的根本目标。

4 税率调整与成本粘性关系研究

在供给侧结构性改革下，减税降费意在通过降低企业的税费成本，引导企业培育新型竞争优势，提升企业可持续发展能力，尤其是从供给方面，为改善企业绩效寻找合适的路径。供给学派（Supply – side Economics）特别强调供给产生需求，认为"减税是刺激投资和增加供给的最重要、最有效的因素，高税率不利于刺激投资和供给，而低税率则可以刺激投资和供给的增加"。虽然我国供给侧结构性改革与供给学派的发端，在理论内容、产生背景、解决问题和政策措施等方面多有不同（陈宗胜，2017），但在税收方面存在共同性，即通过减税降费的方式，从供给侧为企业经营活力的提升和可持续发展提供动力。以拉佛为代表的正统（激进）供给学派和以费尔德斯坦（Feldstein，1976）为代表的中间（温和）供给学派都认为，国家应该实施企业所得税减税政策（蔡红英，2016），以刺激投资和供给的增加。一般税收理论认为，企业所得税通过国家税负的形式，直接参与企业的利润分享，影响纳税人的净利润率，从而对投资产生税收收入效应和替代效应（谭光荣等，2013），表现为刺激或者抑制企业的投资。投资和供给的基础是资源配置，不同的资源配置方案会形成差异化的成本费用结构，发挥效率的水平也会有所差异。另外，利用各种成本归集明细项目避税，是避税活动中经常使用的方式，随着税收调整的进行，不同成本明细项目的避税成本收益会有所变化，从而也会影响企业的资源配置和成本结构。所以，税收调整对企业成本管理具有重要的、明显的影响。

成本粘性本质上是企业成本习性问题的反映，是揭示企业成本管理的有效方式，通过研究企业所得税改革和成本粘性的关系，可以有效地评估减税降费政策的微观经济效应和企业成本管理的影响因素，并可以进一步分析成本粘性在税收改革和企业绩效之间是否存在中介效应，从而可以进一步判断税收改革对企业经营活力改善所发挥的作用。有鉴于此，第四章将首先研究企业所得税改革对成本粘性的影响。其中，使用企业所得税名义税率调整指标，代表企业所得税改革的主要方式。

4.1　引言

在企业所得税改革中，税率调整是必不可缺的环节。我国自 1991 年颁发《中华人民共和国外国投资企业所得税条例》以来，企业所得税改革，先后经历颁发税法条例、"利改税"、征税税率规范化、多类型企业税率合并等不同阶段，每个阶段最核心的内容就是税率调整。

供给学派倾向于税收的替代效应，认为较高的企业所得税税率会降低投资的报酬，且会相对降低消费的代价。因此，高税率会鼓励消费，并打击人们投资的积极性，所以，为了提高投资积极性，国家需要降低税率。税收遵从理论（Tax Compliance）认为，税率调整会通过影响企业可自由支配的生产要素，而影响企业成本资源配置结构，同时，税率调整亦是导致企业避税活动的基本原因（李林木，2005）。企业避税活动引发的信息透明度降低，和薪酬契约有效性松弛，同样会因为代理作用机制，影响成本资源配置效率和结构。因此，不论从经济学、税收理论还是财务角度，税率调整对成本的影响都是明显的。

4.2　文献综述和理论分析

政府征收企业所得税，实质上是对企业经营成果的强制分享。企业有义务遵纪守法缴纳企业所得税，但由于税收支付的现金流支付刚性特征，提高企业所得税税率，会降低企业可支配的自由现金流。从短期来看，会直接影响企业可配置生产要素的总量，进而影响企业的投资消费行为；从长期来看，税收利润分享问题会改变后续投资项目的股东剩余收益率，影响企业投资的意愿和积极性，甚至会在投资和消费之间重新抉择。企业的投资和消费行为会直接作用于企业的成本习性结构，进而导致成本粘性水平受到影响。但不同理论视角下，税率调节对成本习性结构的作用机制和作用路径，以及对成本粘性水平的影响方向可能不尽相同。为了回答上述问题，将依次从自由现金流、避税程度和预期投资收益率三个视角，采用代理理论、税盾理论、替代效应理论，分析税率调整对企业在职消费和投资活动的影响，及其对成本结构的作用，继而判断成本粘性水平将如何变化。具体研究内容如图 4 - 1 所示。

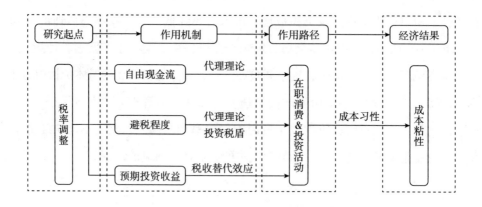

图 4 - 1　税率调整影响企业成本粘性的作用机制与路径

4.2.1   不同视角下企业所得税名义税率调整对在职消费和投资活动的作用分析

（1）自由现金流视角。由于企业所得税是政府对企业利润的强制分享，并且通过刚性的现金支付减少了企业可自由配置的生产要素（Desai et al.，2007），故很多研究认为，税率上调会降低企业可自由支配的现金流（Allingham and Sandmo，1972；Richardson et al.，2015；王亮亮，2016，2018）。在企业所有权和经营权分离的情况下，企业所有者和管理者之间的代理问题比较普遍。代理理论认为，在管理者未拥有企业100%的股权以及对应的剩余收益权时，因为两权分离的原因，管理者付出100%的努力创造价值，但自己并不能完全收获100%努力所创的价值，与此同时，却往往要为其努力可能产生的风险和成本负全部责任；但如果管理者不选择100%的努力，而是时常偷懒或者进行自利性的在职消费，此时，管理者能享受不努力而产生的全部好处，却因为没有100%的努力而只承担了部分成本。因此，权衡成本收益后，管理者往往会增强其偷懒和谋取私利的自利性动机（Jensen and Meckling，1976）。那么，在管理者和所有者代理问题下，通常企业规模越大，管理者的个人效用也会越大（Jensen，1986，1989）。因此，管理者没有通过利润分配的方式，将自由现金流量支付给股东，而是通过再投资的方式，将其投资于净现值为负但有利于扩大企业规模的项目，从而出现过度投资（张功富和宋献中，2009），但是，现金流约束则能抑制管理者的在职消费和过度投资等自利行为。基于此逻辑，完全遵守纳税前提下，企业所得税名义税率上调，能够增强企业的自由现金流约束，从而可以抑制管理者的在职消费和过度投资行为。

（2）避税活动视角。前景预期理论认为，人们面对即将发生的损失时，会表现为更激进的风险偏好，而对即将可能的收益，表现为风险厌恶。由于税率上调会减少企业留存的自由现金流，而使企业遭受损失（Kahneman and Tversky，1979），因此，企业即使面对税务稽核风险，也会进行积极的避税活动，即税率调整和避税程度正相关。后续研究证实了税率调整对企业的避税程度的作用，认为税率调整与企业避税程度正相关。例如，以美国 1986 年《税收改革法案》为具体事例的研究认为，税改法案降低了企业的名义税率，但企业实际所得税税率（ETR）却上升了，即税率下调降低了企业的避税程度（Shelvin and Porter，1992）；以我国 2007 年企业所得税改革为例的研究发现，自 2007 年税改以来，税率调整方向与公司避税程度正相关，名义税率上升的公司具有更高的避税程度（蔡蕾和李心合，2016）。具体来说，改革中部分执行上调税率的企业，其实际税率并没有显著提升，即可以据此推测，税率上调后，企业避税程度提高了（路军，2012）。

人们通常认为，避税可以节约企业现金流支付，从而有助于提升企业价值，但避税活动并不必然对公司价值有益。因为避税动机下，公司需要大量复杂甚至不透明的业务来操作应纳税额，这种避税活动会增强管理者和股东的信息不对称，降低管理者薪酬激励契约的有效性，加剧公司代理问题，并最终降低资源配置效率。因此，只有在公司治理结构完善的前提下，避税活动才会提高企业价值（Desai and Dharmapala，2006，2009；刘行和叶康涛，2013），该结论影响了大量后续相关研究文献，并形成了避税代理观。具体来说，根据不同的作用机理，避税活动主要通过管理者在职消费、过度投资或者投资不足等行为实现。①避税活动下，信息不对称与代理成本作用机制分析。大量研究发现或支持避税活动加剧公司内外部信息不对称的结论（Desai et al.，2007；Chen et al.，2011；Kim et al.，2011；吕伟等，2011；刘行和叶康涛，2013），而信息不对称对管理者的影响，体现为道德风险和逆向选择问题，影响资源配置效率（Myers and Majluf，1984）。首先，信息不对称下的逆向选择，会降低资源配置效率：在企业与外部投资者信息不对称的条件下，外部投资者往往难以有效甄别企业的优劣，一部分优质企业会因为得不到外部资金而导致投资不足，一部分劣质企业会因为拿到外部资金而投资过度；其次，信息不对称会诱发管理者的道德风险，且避税行为会降低管理者薪酬契约的有效性，从而导致管理者资源配置决策中会包含一些机会主义行为，表现为企业的代理问题。尤其是在管理者具有个人帝国构建动机时，容易出现过度投资和较高的在职消费现象（Chen and Chu，2005；叶康涛和刘行，2014）。当前研究成果普遍认为，避税活动下管理者个人帝国构建行为是非常常见的，主要表现为，管理者以避税活动为由实行在职消费（Kim et al.，2011；蔡蕾和李心合，2016）和过度投资（戴德明和王小鹏，2011；刘行和叶康涛，2013）。②基于税盾效应的避税活动与企业投资。税收政策会影响资本使用者成本的理论（此处简称为投资税盾效应）认为，在较高的税率下，企业可能会为了获得诸如折旧等形式的成本避税收益，而选择增加投资（Hall et al.，1967，1969；Richard and Rosen，2009；Edgerton，2011；Zwick et al.，2017），导致公司以此为契机，出现一定的投资过度和在职消费提升现象。并且，这种增加投入的行为，通常以固定资产类投资、固定项目类开支的形式确定下来，这一行为将提高成本结构中固定成本的占比水平。

由上可知，企业所得税名义税率调整后，企业的避税程度会出现不同程度的调节，在利用投资活动和销管费用配置实施避税方面，也会随之发生调整，尤其在高税率下，企业的避税动机增强，此时，无论是基于税盾效应，还是根据避税引发的代理问题，企业都会表现出更多的投资活动和在职消费行为。

（3）预期投资收益视角。税收的替代效应是指，征收企业所得税会压低纳税人的净利润率，因此，降低了项目投资和经营对纳税人的吸引力，导致投资者减少投资，甚至缩减经营规模，并以消费替代。即税率调整将会影响企业扩张投资的边际成本和收益，当税率提升时，企业持续投资的预期收益率，将因为税收的原因而有所降低，从而一定程度上会抑制企业的投资积极性；而降低税率后，新增投资的预期收益率将提高，可以激发企业进行更多的投资活动。即企业所得税税率调节，可能会因为税收替代效应而影响投资活动，引发企业扩张型或者收缩性的投资活动，表现为投资过度或者投资不足。

综上，在自由现金流和预期投资收益视角下，提高企业所得税名义税率会抑制企业的在职消费和过度投资活动，甚至产生投资不足；而在避税代理观视角下，提高企业所得税名义税率，将导致企业更多的在职消费和投资活动。

4.2.2 投资活动和在职消费对成本粘性的影响

管理者通过过度投资和在职消费等方式实现个人帝国构建时，将会最大化他们能够控制的资源，以实现利己收益，并增加企业的粘性水平（Kama and Weiss，2010；穆林娟等，2013；李粮和赵息，2013），这是因为：在管理者个人帝国构建动机下，①管理者会在企业销量上涨时大幅增加资源投入。例如，在收入上涨时实施规模扩张计划，规模扩张投资往往会形成大量固定资产和固定支出，导致总成本中需要长期分摊的固定成本数值和占比提高，从而会提高成本粘性水平；反之，若能抑制过度投资行为，甚至出现投资不足、或者过度削减已有固定资产，则会降低成本结构中的固定成本占比，从而降低成本粘性水平。②在销量下降时，一方面由于过度投资和在职消费已形成了固定资产等物质资本，导致固定成本占比较大，快速且及时地降低成本几乎不可能实现；另一方面鉴于管理者的个人帝国构建动机，以及"由俭入奢易、由奢入俭难"的常理，管理者不愿意大幅减少资源，降低自身收益。所以，很难及时降低大量成本，从而形成成本粘性。对此，Calleja 等（2006）、Chen 等（2008）、秦兴俊和李粮（2014）先后从世界各国公司治理模式、公司治理结构的角度研究发现，较强的公司治理水平可以通过抑制代理问题降低成本粘性水平；后续研究进一步发现，自由现金流对成本粘性产生决定性影响，充裕的现金流将导致较高的成本粘性水平（王明虎和席彦群，2011；李粮和宋振康，2013；牟伟明，2018）。

由以上分析可知：

（1）根据自由现金流和预期投资收益率研究视角，在不考虑其他因素的条件下，企业所得税名义税率上升会通过更多的强制性利润分享，降低企业可自由支配的现金流和未来投资收益率，有利于抑制管理者的过度投资和在职消费行为。所以，当销售量上涨时，企业大幅增加资源投入的能力受到限制，当企业销售量降低时，固定成本占比相对较低，且降低成本的抵触情绪相对不高，容易快速减少（成本）资源，从而降低成本粘性水平；反之，降低企业所得税名义税率则会提高成本粘性水平。由此提出假设：

H4.1－1：企业所得税名义税率调整与成本粘性的相关系数为正数，提高企业所得税名义税率会降低成本粘性水平；反之，降低企业所得税名义税率则会提高成本粘性水平。

（2）根据避税代理观视角，在不考虑其他因素的条件下，企业所得税名义税率上升，会提高企业的避税动机，加剧企业内外部的信息不对称和代理问题，诱发更多的利己行为，增加管理者的过度投资和在职消费行为。因此，当营业量上涨时，管理者会以避税为借口，大幅增加资源投入；当企业营业量降低时，由于收入上涨时，过度资源配置已形成了较高的固定成本比例，且管理者迅速降低成本资源的抵触情绪会较高，导致快速降低成本的概率下降，表现出较强的成本粘性。即提高企业所得税名义税率将导致更高的成本粘性，而下调企业所得税名义税率则会降低企业成本粘性水平。税率调整与成本粘性的相关系数为负数。由此提出与 H4.1－1 相对立的研究假设：

H4.1－2：企业所得税名义税率调整与成本粘性的相关系数为负数，上调企业所得税名义税率会提高成本粘性水平；反之，下调企业所得税名义税率则会降低成本粘性水平。

4.3　研究设计与描述统计

4.3.1　检验模型与变量设计

为了检验上述假设，在分析 2007 年企业所得税改革实施效果的基础上，为了进一步综合考虑 2001～2007 年我国企业所得税方面进行的一系列改革和调整，选用 2002～2012 年沪深 A 股上市公司的数据，分析企业所得税名义税率调整对企业成本粘性的影响。借鉴 ABJ（2003）和江伟等（2015）的研究模型，采用固定效应回归方法，构建模型（4.1）如下：

$$\log \frac{\text{expense}_{i,t}}{\text{expense}_{i,t-1}} = \alpha_0 + \alpha_1 \times \log \frac{\text{sale}_{i,t}}{\text{sale}_{i,t-1}} + \alpha_2 \times D_{i,t} \times \log \frac{\text{sale}_{i,t}}{\text{sale}_{i,t-1}} + \alpha_3 \times D_{i,t} \times$$

$$\log \frac{\text{sale}_{i,t}}{\text{sale}_{i,t-1}} \times \Delta RATE_{i,t} + \sum_{j=6}^{12} \alpha_j \times D_{i,t} \times \log \frac{\text{sale}_{i,t}}{\text{sale}_{i,t-1}} \times \text{Controls}_{i,t} + \sum_{k=1}^{16} \alpha_k \times \text{Industy}_{i,t} +$$

$$\sum_{h=1}^{31} \alpha_h \times \text{Area}_{i,t} + \varepsilon_{i,t} \tag{4.1}$$

模型中 $\text{expense}_{i,t}$ 代表企业发生的成本费用，具体包括：①总成本（TCOST）；②营业成本（COST），企业当期因销售产生的营业成本；③销管费用（SG），当期销售费用和管理费用的和。sales 代表企业营业收入；$D_{i,t}$ 为哑变量，如果 t 期营业收入相较于 t−1 期出现下降，对 $D_{i,t}$ 赋值为 1，如果企业的营业收入相对上一年出现上升时，则 $D_{i,t}=0$。通常对成本费用粘性的判断是通过 α_2 来实现的，即当营业收入增长 1% 时，成本费用增长 α_1，而当营业收入相对上一年下降时，营业收入减小 1%，成本费用减少（$\alpha_1+\alpha_2$），因此如果存在成本粘性，则 α_1 大于（$\alpha_1+\alpha_2$），即 α_2 小于 0，如果 α_2 在置信区间水平上显著为负，就证明了成本粘性的存在，且 α_2 越小，费用粘性程度越大。

模型中主要解释变量是 $\Delta RATE_{i,t}$，$\Delta RATE_{i,t}$ 为企业所得税名义税率的变化，用 t 期名义所得税税率和 t−1 期名义所得税税率的差表示。$\Delta RATE_{i,t}$ 大于 0，表示 t 期企业所得税名义税率有所提高；$\Delta RATE_{i,t}$ 小于 0，表示 t 期企业所得税名义税率有所降低。模型主要考察 α_3 的大小，估计系数 α_3 反映企业所得税名义税率调整对成本费用粘性的影响，如果该系数小于 0 且显著，说明税率调整与企业成本粘性正相关，提高企业所得税名义税率会增强成本粘性水平；而如果该系数大于 0 且显著，则说明税率调整与企业成本粘性负相关，上调企业所得税名义税率有助于抑制企业成本粘性。

借鉴 ABJ（2003）、孔玉生等（2007）和孙铮和刘浩（2004）等的做法，在模型中加入如下控制变量：①资产集中度（AI），用当期固定资产净值和营业收入比值的自然对数表示。通常企业的资产密度越大，越代表着企业是重资产经营模式，较高的固定资产和累计折旧提高了成本中的固定成本占比，增强了成本粘性。②雇员密集度（EI），用当期企业员工数量和营业收入比值的自然对数表示，企业员工数量越多，为职工发放的工资越多，且因为企业与职工之间的劳动合同与协议，导致企业员工数量调节时面临的调整成本较高，所以容易导致成本粘性。③宏观经济增长速度，用各省 GDP 增长率表示，一般在宏观经济繁荣时期，管理者更具乐观情绪，且代理问题也更严重，并会导致较显著的成本粘性。④企业营业收入连续两年下降（SUC_D），因为当企业营业收入连续两年出现下降时，管理者更可能认为营业收入的下降是长期行为，进而控制并削减成本导致成本粘性降低，因此需要对其加以控制。⑤资产负债率（LEV）。此外，考虑到不同行业和不同地区所采用的税收政策以及企业经营成本方面的差异，模型还控制了行业固定效应［按照证监会行业分类标准（2001 版）］、区域固定效应（除北京、天津和上海之外，其他以省为单位）、年度固定效应和公司固定效应。

由于模型（4.1）无法有效计算成本粘性的数值，而为了较好地展示企业各类成本粘性的数值分布和变化趋势，借鉴 Weiss（2010）、葛尧（2017）等研究模型，构建成本粘性计量模型（4.2）如下：

$$STICKY = \log\ (\Delta expense/\Delta sales)_{i,u} - \log\ (\Delta expense/\Delta sales)_{i,d}u,\ d \in \{t,\ t-1,\ t-2,\ t-3\} \tag{4.2}$$

目前，成本粘性的计量通常按照季度数据进行量化测度。模型（4.2）中，expense 表示企业的成本费用，包括总成本（TCOST）、营业成本（COST）、销售费用（SE）、管理费用（GE）和销管费用（SG）五类。$\Delta expense$ 表示季度的成本差，$\Delta expense_{i,t} = expense_{i,t} - expense_{i,t-1}$；$\Delta sales$ 表示季度的营业收入差，$\Delta sales_{i,t} = sales_{i,t} - sales_{i,t-1}$；u 表示最近销售收入上升的季度，d 表示最近销售收入下降的季度。当业务量下降时边际成本小于业务量上升时边际成本变动率时，成本粘性的值为负数，代表着成本粘性；而当业务量下降时边际成本大于业务量上升时边际成本变动率时，成本粘性的值为正数，代表着成本反粘性。根据研究惯例，此处未对成本粘性和成本反粘性进行区分，而是统称为成本粘性。根据 Weiss（2010）和葛尧（2017）成本粘性的计算公式，当一个企业连续四个季度呈现业务量上升或者业务量下降时，无法计算该年度的成本粘性，并且当 $\Delta COST$ 和 $\Delta sales$ 的变动方向相反时，同样也无法计算该年度的成本粘性，故在计算成本粘性时，需要剔除营业收入四个季度连续上升、或者连续下降的样本，并剔除季度营业成本差和季度营业收入差呈反方向状态的样本。具体变量定义如表4-1所示。

表4-1 变量定义

变量		变量含义
因变量	expense	成本费用，用 t 期成本与 t-1 期成本比值的 log 对数表示，成分费用具体包括：①总成本（TCOST）；②营业成本（COST）；③销管费用（SG）
自变量	ΔRATE	所得税名义税率的变化，$RATE_t - RATE_{t-1}$，结果 >0，表示 t 期名义税率比 t-1 期名义税率有所提升
控制变量	AI	资产密集度 = log（年末总资产/年度营业收入）
	EI	劳动力密集度 = log（企业员工数量/年度营业收入）
	GDP	代表宏观经济增长速度，用各省 GDP 增长率表示
	SUC_D	哑变量，若企业营业收入连续 2 年下降，取值 1，否则 0
	LEV	资产负债率 = 负债合计/资产总计
	STATE	股权性质，哑变量，0 代表国有企业，1 代表非国有企业
	TE	税收征管强度：参考第 3 章计算过程
	GSZL	借鉴张学勇和廖理（2010）、汪猛和徐经长（2016）的研究方法，将 12 个公司治理指标划分为 3 个维度，并采用第一主成分分析构建公司治理综合水平变量①

4.3.2 样本选择与数据来源

自 2001 年取消地方政府的"先征后返"税收优惠政策后，规范并统一了内

---

① 公司治理变量 3 个维度 12 个指标是：第一，持股结构与股东权益，包括第一大股东持股比例、股权制衡、股东会次数、流通股比例、国有股比例 5 个指标；第二，管理层治理，包括两职合一和管理层持股 2 个指标；第三，董事和监事以及其他治理形式，包括董事会规模、独立董事比例、董事会次数、监事会次数和委员会个数 5 个指标。其中股权制衡为第 2~5 大股东总持股比例与第 1 大股东持股比例的比值，委员会个数根据 CEER 数据库提供的薪酬委员会、审计委员会、战略委员会和提名委员会的设置情况计算其总个数。通过对上述 12 个指标进行主成分分析，选取第一主成分回归结果构建公司治理水平综合指标（GSZL）。

资企业所得税名义税率；同时，在颁发企业所得税法后，中央政府规范了税收优惠政策，对税改之前享受税收优惠政策的企业，执行税率过渡期办法；在2007年颁发《中华人民共和国企业所得税法》，合并内外资企业税率，并下调名义税率至25%。综合上述两个重大事件分析发现，我国企业所得税名义税率在2002～2007年表现相对平稳，且规范性税收优惠政策较普遍；2008～2012年的税率调整幅度相对较大：一方面表现为"税率一步到位式的下调"和"税率在五年期内缓慢上调"两种状态，另一方面是税收优惠政策的实施比较谨慎，行业优惠范围有所收缩。即对比2007年前后的企业所得税名义税率，具有税率变化明显、调整范围广泛的特征。因此，综合考虑我国企业所得税改革重要事件的基础上，选择2002～2012年为样本期间，使用沪深两市A股上市公司合并报表中的年度数据，并按照如下规则进行了数据剔除：①鉴于ST和＊ST类公司的非持续数据公开特点，剔除样本中的ST和＊ST类公司；②鉴于金融保险类公司适用特定会计准则和行业经营特征，剔除样本中的金融保险类上市公司；③剔除企业名义所得税税率缺失以及无法进行前后年度比较的样本公司；④剔除实际税率大于1或者小于0的公司；⑤剔除西藏地区上市公司，因为我国西藏自治区税收政策长期保持优惠且偏低的税率，与其他省市的企业所得税税率有明显不同。最后得到10040个观测值，数据资料来源于Wind数据库、CSMAR数据库和中国统计局数据库。采用固定效应回归分析方法，使用stata12.0进行数据处理，并运用Winsorize方法对连续变量前后各1%水平缩尾，剔除极端值的影响。

4.3.3 描述统计

表4-2报告了描述统计。①ΔRATE的最小值为 -0.18，说明企业所得税名义税率最多下调18%，ΔRATE的最大值为0.18，说明企业所得税名义税率最多上调18%，这与企业所得税改革实践一致；另外，ΔRATE的平均值为0；在75%分位数上也为0，说明很多公司的企业所得税名义税率是稳定不变的。②总成本粘性均值为0.14，营业成本粘性均值为0.72，销管费用粘性均值为4.43，各类成本费用总体上表现为反粘性，这说明我国成本管理效率较高。该结果不同

表4-2 税率调整与成本粘性相关性研究描述统计

	变量	样本量	均值	标准差	最小值	中位数	最大值	p5	p25	p75	p95
因变量	TCOSTsticky	10040	0.14	0.6	-2.41	0.11	2.24	-0.71	-0.05	0.34	1.09
	COSTsticky	10040	0.72	0.9	-1.18	0.5	4.89	-0.21	0.23	0.96	2.46
	SGsticky	10040	4.43	2.48	-3.36	4.33	12.46	0.67	3.03	5.74	8.56
自变量	ΔRATE	10040	0	0.04	-0.18	0	0.18	-0.08	0	0	0.03
	RATE	10040	0.21	0.07	0.07	0.15	0.33	0.15	0.15	0.25	0.33
控制变量	AI	10040	0.56	0.69	-0.95	0.52	3.01	-0.58	0.11	0.96	1.75
	EI	10040	-13.62	1.04	-16.63	-13.49	-11.38	-15.67	-14.17	-12.91	-12.15
	SUC_D	10040	0.26	0.44	0	0	1	0	0	1	1
	LEV	10040	0.46	0.2	0.05	0.48	1.14	0.11	0.32	0.61	0.76
	GSZL	10040	29.42	17.48	-4.73	27.89	62.91	3.05	14.63	46.27	56.28
	GDP	10040	111.95	2.3	105.4	112.2	116.4	108	110.1	113.8	115.2
	STATE	10040	0.44	0.5	0	0	1	0	0	1	1
	TE	10040	0.99	0.06	0.8	1	1.21	0.88	0.96	1.03	1.08
辅助说明	COSTZB	10040	0.73	0.17	0.03	0.77	1.63	0.4	0.65	0.85	0.93
	SGZB	10040	0.15	0.18	-0.07	0.12	9.63	0.03	0.07	0.18	0.37
	SEZB	10040	0.06	0.08	0	0.04	1.43	0	0.02	0.07	0.2
	GEZB	10040	0.09	0.14	-0.09	0.07	9.02	0.02	0.04	0.11	0.2

区分时间段下样本描述统计

2002~2007年

	变量	样本量	均值	标准差	最小值	中位数	最大值	p5	p25	p75	p95
因变量	TCOSTsticky	3382	0.15	0.63	-4.58	0.1	2.74	-0.48	-0.03	0.31	1.09
	COSTsticky	3382	0.64	0.84	-1.54	0.43	5.5	-0.18	0.2	0.85	2.16
	SGsticky	3382	4.81	2.58	-5.42	4.72	13.15	1.15	3.38	6.14	9.17
自变量	ΔRATE	3382	0	0.04	-0.18	0	0.18	0	0	0	0
	RATE	3382	0.24	0.09	0.07	0.33	0.33	0.15	0.15	0.33	0.33

续表

2008～2012 年										
	变量	样本量	均值	标准差	最小值	中位数	最大值	p5	p25	p75	p95
因变量	TCOSTsticky	6658	0.12	0.7	-4.58	0.11	2.74	-0.86	-0.07	0.36	1.08
	COSTsticky	6658	0.76	0.97	-1.54	0.53	5.5	-0.22	0.24	1.01	2.6
	SGsticky	6658	4.23	2.52	-5.42	4.14	13.15	0.51	2.83	5.52	8.26
自变量	ΔRATE	6658	0	0.04	-0.18	0	0.18	-0.08	0	0	0.03
	RATE	6658	0.19	0.05	0.07	0.15	0.25	0.15	0.15	0.25	0.25

资料来源：根据 CSMAR 数据库和 WIND 数据库整理所得。

于孙铮等（2004）和孔玉生等（2010）的统计结果，对此进行追因分析认为，一是样本期间较长，涉及 11 年的数据，由于成本粘性具有反转性的特征，因此，在较长时期内成本粘性均值为正；二是我国企业成本管理水平不断提升，成本粘性现象逐渐减少，致使均值总体表现为正数。对此，按照企业所得税税法颁发时间为节点分解样本期间，并对总样本进一步进行分位数观察发现：①总样本中，总成本粘性水平在 25% 分位数上依然为 -0.05，表现为成本粘性；中位数及 75% 和 90% 分位数上都表现为正数，表现出成本反粘性特征。营业成本粘性水平在 5% 分位数上为 -0.21，表现为成本粘性；其余均表现为成本反粘性特征。②2002～2007 年，总成本粘性在 25% 分位数上为 -0.03，比总样本的同比数值大，粘性水平较低；营业成本粘性水平在 5% 分位数上为 -0.18，也明显比总样本的同比数值大，说明 2002～2007 年的营业成本粘性水平更低。③2008～2012 年，总成本粘性在 25% 分位数上为 -0.07，比总样本和 2002～2007 年总成本粘性的水平都高；营业成本粘性水平在 5% 分位数上为 -0.22，比总样本和 2002～2007 年营业成本粘性的水平高。此外，销管费用粘性水平方面，整体表现为反粘性，2002～2007 年均值为 4.81，2008～2012 年均值为 4.23，总体上，反粘性的程度有所降低。由此可以看出，2007 年颁发的《企业所得税法》对企业的成本管理产生了比较明显的影响，并在成本粘性水平上有一定的体现。另外，国有企业样本占比 44%，非国有企业占比为 56%。

4.4 实证检验与分析

4.4.1 实证结果分析

根据实证模型（4.1），采用样本数据进行实证研究。具体来说，表4-3、表4-4、表4-5和表4-6依次报告了企业所得税名义税率调整和总成本粘性、营业成本粘性、销管费用粘性、销售费用粘性之间相关性的实证结果。

4.4.1.1 企业所得税名义税率调整影响总成本粘性的实证结果分析

表4-3报告了企业所得税名义税率调整影响总成本粘性的实证结果。在第（1）列总样本中，Dlnsales的回归系数α_2为-0.11，说明总体上，上市公司的总成本存在粘性，收入每增加1个单位，总成本上调1.099个单位，但是收入每降低1个单位，总成本会下降0.989（1.099-0.11）个单位，只是总成本的粘性特征并不显著。$\Delta RATE \times Dlnsales$的回归系数$\alpha_3$为0.316***，为正且在1%水平上显著，说明企业所得税名义税率调整与总成本粘性负相关，上调企业所得税名义税率会抑制总成本粘性，支持研究假设4.1-1。

此外，在不同税率实施前提下，企业所得税名义税率调节是否会具有相同的成本粘性效应呢？例如，A企业原来的名义税率是10%，现在上调到15%，B企业原来的税率是20%，现在上调到25%，从变动绝对值看，A、B企业的税率调整幅度相同，但税率提升对企业的影响效果并不必然相同，因为税率调节之前执行企业所得税名义税率的差异，税收改革下的企业所得税名义税率上升或者下降，对成本管理的作用程度可能有所差异。据此，进一步以企业所得税名义税率中位数为界，将样本企业区分为高税率区和低税率区；同时，借鉴现有研究子样本分类标准，将样本划分为国有企业和非国有企业样本组，进行分组检验。并且，为了观测国有企业和非国有企业在高税率区和低税率区内，企业总成本粘性

表4-3 税率调整影响总成本粘性的实证结果①

lntcost	(1) 总样本	(2) 高税区	(3) 低税区	(4) 国有企业			(5) 非国有企业		
				a 全样本	b 高税区	c 低税区	d 全样本	e 高税区	f 低税区
lnsales	1.099 ***	1.089 ***	1.129 ***	1.108 ***	1.103 ***	1.129 ***	1.053 ***	1.029 ***	1.090 ***
	(33.06)	(25.72)	(19.50)	(27.96)	(22.33)	(15.70)	(17.29)	(12.54)	(10.59)
Dlnsales	−0.110	0.426	−0.952 **	−0.402	−0.0795	−1.089 *	0.142	1.035	−0.687
	(−0.44)	(1.10)	(−2.86)	(−1.28)	(−0.17)	(−2.49)	(0.34)	(1.45)	(−1.27)
ΔRATE	0.316 ***	0.336 *	0.368 **	0.330 **	0.496 **	0.131	0.347 *	0.0842	0.736 ***
	(3.41)	(2.20)	(3.04)	(2.84)	(2.71)	(0.84)	(2.21)	(0.30)	(3.74)
AI	−0.111 ***	−0.0999 ***	−0.118 ***	−0.103 ***	−0.106 ***	−0.0954 ***	−0.117 ***	−0.0684 ***	−0.156 ***
	(−17.97)	(−11.56)	(−12.72)	(−14.50)	(−11.22)	(−7.77)	(−10.27)	(−3.64)	(−10.24)
EI	0.0076	0.0056	0.0086	0.0138 **	0.0157 *	0.0033	−0.001	−0.0143	0.0182
	(1.88)	(0.98)	(1.46)	(2.93)	(2.44)	(0.44)	(−0.14)	(−1.32)	(1.86)
SUC_D	0.0418 ***	0.0498 ***	0.0291 *	0.0569 ***	0.0683 ***	0.0418 *	0.0235	0.0037	0.0247
	(4.24)	(3.41)	(2.17)	(4.55)	(3.77)	(2.42)	(1.46)	(0.15)	(1.15)
LEV	−0.0048	−0.0469	0.0296	0.0250	−0.0157	0.101 **	−0.0531	−0.120 *	−0.0291
	(−0.24)	(−1.51)	(1.08)	(1.00)	(−0.45)	(2.66)	(−1.64)	(−1.99)	(−0.69)
GDP	−0.0001	−0.0051	0.0073 *	0.0030	0.0004	0.0075	−0.0029	−0.0122 *	0.0067
	(−0.06)	(−1.53)	(2.52)	(1.11)	(0.10)	(1.94)	(−0.79)	(−1.97)	(1.43)
STATE	−0.0159 *	−0.0138	−0.0084						
	(−2.00)	(−1.16)	(−0.78)						
R²	0.7637	0.7405	0.7833	0.7732	0.7490	0.8067	0.7427	0.7139	0.7577
截距项	0.192	−0.0016	0.0104	−0.0545	−0.160	0.0201	0.335	−0.174	−0.266
	(1.14)	(−0.01)	(0.02)	(−0.23)	(−0.47)	(0.05)	(1.35)	(−0.43)	(−1.09)
公司效应	已控制	已控制	已控制	已控制	已控制	已控制	已控制	已控制	已控制
行业效应	已控制	已控制	已控制	已控制	已控制	已控制	已控制	已控制	已控制
地区效应	已控制	已控制	已控制	已控制	已控制	已控制	已控制	已控制	已控制
观测值 N	5489	2735	2754	3262	1775	1487	2227	960	1267

注：①括号内为 t 值；②*、**、***分别表示在10%、5%、1%水平下显著。

---

① 有关数据小数点后保留位数的说明：一般主要自变量保留小数点后三位数，控制变量保留小数点后四位数。后续所有相关数据均采用此原则。

对企业所得税名义税率调整的敏感性，进一步对分样本区间进行了交互检验，研究发现：

（1）国有企业样本组下，企业所得税名义税率调整可以显著地抑制总成本粘性，两者的相关系数为 0.330**，在 5% 的水平上显著；非国有企业样本组内，企业所得税名义税率调整同样可以显著地抑制总成本粘性水平，两者的相关系数为 0.347*，在 10% 的水平上显著。这说明，税率调整对企业的总成本资源配置产生了显著作用。

（2）以企业所得税名义税率中位数（中位数的名义税率为 15%）为分界线，将样本区分为高税率样本区（rate > 15%）和低税率样本区（rate ≤ 15%）。高税率区样本组下，企业所得税名义税率调整可以显著地抑制企业总成本粘性，两者的相关系数为 0.336*，在 10% 的水平上显著；低税率区样本组内，税率调整同样可以显著地抑制企业总成本粘性水平，两者的相关系数为 0.368**，在 5% 的水平上显著。这说明，无论企业处在相对高税率区还是处于低税率区，企业所得税名义税率调整对企业的总成本资源配置均产生了显著作用。

（3）分样本交互检验发现：①非国有企业在低税率区时，企业所得税名义税率调整和企业总成本粘性的相关系数为 0.736***，在 1% 的水平上显著，而在高税率区内，企业所得税名义税率调整和企业总成本粘性的相关系数为正但不显著。这说明，在非国有企业，低税率区内的税率上调，就会显著地抑制总资源的冗余性配置。而到达高税率区后，非国有企业可能因为经历了税率由低到高的调整，过程中冗余性资源配置有所削减，总资源配置效率较高，所以，在高税率区内，企业所得税名义税率调整和总成本粘性的相关系数为正，但不再显著。②国有企业在高税率区时，税率调整和企业总成本粘性的相关系数为 0.496**，在 5% 的水平上显著，而在低税率区内，税率调整和企业总成本粘性的相关系数为正但不显著。这说明，只有在税率偏高的情况下，税率进一步的上调，会抑制国有企业总资源的冗余性配置；另外，由于长期以来，国有企业利润采用税收上缴和部分税后利润直接上缴的利润分享模式。因此，在低税率区内，国有企业对于财政税收征缴敏感性较低；但当税率大幅度提高后，税收上缴模式将形成显著地现金流出效应，形成一定的现金约束，且企业能够为财政进一步贡献的税后利润总额下降，这将有可能影响对企业的评价。因此，国有企业此时会对资源配置效率给予更多的关注，从而削减一些冗余性资源，提升资源利用效率。即在高税率区内，国有企业总成本粘性与所得税税率进一步上调相关系数显著为正。

4.4.1.2 企业所得税名义税率调整影响营业成本粘性的实证结果分析

表 4-4 展示了企业所得税名义税率调整对营业成本粘性的影响。

在第（1）列总样本中，$\Delta RATE \times Dlnsales$ 的回归系数 α_3 为 0.171，为正但不显著。区分国有企业和非国有企业样本组发现，①国有企业营业成本粘性与税率调整相关系数显著为正（0.284*），在 10% 的置信水平上显著；并且在税率偏高时，企业所得税名义税率上调可以抑制国有企业的营业成本粘性，其相关系数为 0.605**，在 5% 的水平上显著。②非国有企业样本中，只有在低税区内，企业营业成本粘性与税率调整相关系数在 10% 的水平上显著为正数（0.545*），其他情况下不显著。总体上，税率调整对营业成本粘性水平的作用不是很明显。

表 4-4 税率调整影响营业成本粘性的实证结果

lntcost 营业成本	(1) 总样本	(2) 高税区	(3) 低税区	(4) 国有企业 a 全样本	(4) 国有企业 b 高税区	(4) 国有企业 c 低税区	(5) 非国有企业 d 全样本	(5) 非国有企业 e 高税区	(5) 非国有企业 f 低税区
lnsales	1.182*** (30.63)	1.188*** (24.95)	1.178*** (16.90)	1.176*** (25.30)	1.184*** (20.95)	1.163*** (13.41)	1.197*** (17.08)	1.202*** (13.76)	1.271*** (10.26)
Dlnsales	−0.289 (−0.97)	0.387 (0.88)	−1.146** (−2.71)	−0.907* (−2.43)	−1.117* (−2.08)	−0.893 (−1.65)	0.476 (0.93)	2.543** (3.28)	0 (0)
ΔRATE	0.171 (1.50)	0.215 (1.21)	0.271 (1.73)	0.284* (2.01)	0.605** (2.85)	0.081 (0.40)	−0.009 (−0.04)	−0.581 (−1.74)	0.545* (2.12)
AI	−0.0912*** (−12.20)	−0.0763*** (−7.45)	−0.108*** (−9.09)	−0.0773*** (−9.16)	−0.0717*** (−6.24)	−0.0796*** (−5.60)	−0.108*** (−7.59)	−0.0526* (−2.47)	−0.139*** (−6.94)
EI	0.0115* (2.35)	0.0108 (1.60)	0.0129 (1.74)	0.0113* (2.02)	0.0106 (1.34)	0.00769 (0.90)	0.0111 (1.29)	0.00362 (0.30)	0.0245 (1.92)

lntcost 营业成本	(1) 总样本	(2) 高税区	(3) 低税区	(4) 国有企业			(5) 非国有企业		
				a 全样本	b 高税区	c 低税区	d 全样本	e 高税区	f 低税区
SUC_D	0.0061	0.0264	-0.0195	0.0412 **	0.0671 **	0.00835	-0.0424 *	-0.0589 *	-0.0543 *
	(0.51)	(1.52)	(-1.15)	(2.70)	(3.08)	(0.39)	(-2.14)	(-1.99)	(-1.98)
LEV	0.0517 *	0.0226	0.0691 *	0.0905 **	0.118 **	0.0608	0.0057	-0.159 *	0.0921
	(2.10)	(0.60)	(1.98)	(3.02)	(2.75)	(1.38)	(0.14)	(-2.28)	(1.67)
GDP	0.0012	-0.0052	0.0092 *	0.0064 *	0.0078	0.0063	-0.0055	-0.0244 ***	0.0133 *
	(0.45)	(-1.37)	(2.50)	(1.99)	(1.70)	(1.32)	(-1.22)	(-3.60)	(2.16)
STATE	0.0025	0.0065	-0.0036						
	(0.26)	(0.45)	(-0.26)						
R²	0.7186	0.7132	0.7297	0.7246	0.7156	0.7442	0.7098	0.7115	0.7194
截距项	0.0808	0.160	0.190	-0.107	-0.0292	0.175	0.254	0.309	-0.511
	(0.39)	(0.52)	(0.36)	(-0.39)	(-0.07)	(0.35)	(0.79)	(0.60)	(-1.62)
公司效应	已控制	已控制	已控制	已控制	已控制	已控制	已控制	已控制	已控制
行业效应	已控制	已控制	已控制	已控制	已控制	已控制	已控制	已控制	已控制
地区效应	已控制	已控制	已控制	已控制	已控制	已控制	已控制	已控制	已控制
观测值 N	5357	2675	2682	3202	1739	1463	2155	936	1219

注：①括号内为 t 值；②*、**、***分别表示在 10%、5%、1%水平下显著。

4.4.1.3 企业所得税名义税率调整影响销管费用粘性的实证结果分析

表 4-5 展示了企业所得税名义税率调整对销管费用粘性的影响。在第（1）列总样本中，$\Delta RATE \times Dlnsales$ 的回归系数 α_3 为 0.518**，在 5%的水平上显著，说明税率调整对企业销管费用粘性水平具有调节作用，上调企业所得税名义税率能够抑制销管费用粘性，符合研究假设 4.1-1。

按照企业适用企业所得税名义税率是否高于中位数值，区分高税区和低税区样本，研究发现：在低税率区，上调税率会显著地抑制销管费用粘性水平，此时两者的相关系数为 0.763**，在 5%水平上显著。在高税率区内，企业所得税名义税率上调也能抑制销管费用粘性，但相关检验不显著。

表 4-5 税率调整影响销管费用的实证结果

lnsg 销管费用	(1) 总样本	(2) 高税区	(3) 低税区	(4) 国有企业			(5) 非国有企业		
				a 全样本	b 高税区	c 低税区	d 全样本	e 高税区	f 低税区
lnsales	0.942***	0.928***	1.066***	1.142***	1.106***	1.285***	0.591***	0.615***	0.705***
	(14.86)	(11.96)	(9.31)	(14.29)	(12.05)	(8.17)	(5.51)	(4.17)	(4.09)
Dlnsales	-0.936	0.652	-2.813***	-1.655*	-0.317	-3.420***	0	1.946	-1.738
	(-1.90)	(0.88)	(-4.14)	(-2.50)	(-0.36)	(-3.33)	(0)	(1.39)	(-1.88)
ΔRATE	0.518**	0.0920	0.763**	0.421	-0.0726	0.770*	0.649*	0.224	0.770*
	(2.79)	(0.32)	(3.03)	(1.65)	(-0.20)	(2.02)	(2.39)	(0.44)	(2.34)
AI	-0.0756***	-0.0570***	-0.0930***	-0.0671***	-0.0564**	-0.0849**	-0.0945***	-0.0664	-0.0996***
	(-6.56)	(-3.65)	(-4.96)	(-4.63)	(-3.14)	(-3.13)	(-4.65)	(-1.93)	(-3.63)
EI	0.0158*	0.0286**	-0.00166	0.0181	0.0169	0.0057	0.0087	0.0467*	-0.0211
	(2.08)	(2.75)	(-0.14)	(1.84)	(1.36)	(0.34)	(0.71)	(2.35)	(-1.26)
SUC_D	0.110***	0.117***	0.0737*	0.0969***	0.127***	0.0508	0.131***	0.127*	0.110**
	(5.40)	(4.08)	(2.52)	(3.50)	(3.54)	(1.17)	(4.32)	(2.54)	(2.84)
LEV	-0.0045	0.0332	-0.0741	-0.0855	-0.0025	-0.178*	0.0430	0.0814	0.0459
	(-0.12)	(0.58)	(-1.34)	(-1.63)	(-0.04)	(-2.17)	(0.75)	(0.74)	(0.60)
GDP	0.0055	-0.0078	0.0201***	0.0105	-0.0022	0.0245**	-0.0017	-0.0145	0.0107
	(1.30)	(-1.23)	(3.40)	(1.84)	(-0.29)	(2.74)	(-0.26)	(-1.19)	(1.33)

续表

lnsg 销售费用	(1) 总样本	(2) 高税区	(3) 低税区	(4) 国有企业 a 全样本	b 高税区	c 低税区	(5) 非国有企业 d 全样本	e 高税区	f 低税区
STATE	-0.0403** (-2.77)	-0.0202 (-0.95)	-0.0629** (-2.97)						
R^2	0.1747	0.1487	0.2420	0.1939	0.1918	0.2659	0.1496	0.0933	0.2510
截距项	-1.059*** (-3.41)	-1.649*** (-3.62)	-0.293 (-0.34)	-1.684*** (-4.02)	-2.424*** (-4.26)	-0.560 (-0.61)	-0.304 (-0.66)	-0.807 (-0.96)	-0.929* (-2.19)
公司效应	已控制	已控制	已控制	已控制	已控制	已控制	已控制	已控制	已控制
行业效应	已控制	已控制	已控制	已控制	已控制	已控制	已控制	已控制	已控制
地区效应	已控制	已控制	已控制	已控制	已控制	已控制	已控制	已控制	已控制
观测值 N	4840	2348	2492	2809	1509	1300	2031	839	1192

注：①括号内为 t 值；②*、**、*** 分别表示在 10%、5%、1% 水平下显著。

根据企业股权性质，区分国有企业和非国有企业样本组，研究发现，在企业所得税名义税率调整和企业销管费用粘性的相关关系中，非国有企业的这种关联性具有显著性，企业所得税名义税率调整和企业销管费用粘性的相关系数为0.649*，在10%水平上显著，并且当国有企业和非国有企业的所得税税率处于低税区时，税率上调都会显著地抑制销管费用粘性水平，他们的相关系数分别是0.770*和0.770*，都在10%的水平上显著。说明在低税区时，由于税率上调能够通过税负现金支出提升企业的现金流约束，从而抑制企业的在职消费等代理问题，降低销管费用中的冗余资源配置，从而降低了销管费用粘性水平，这与研究假设4-1-1相符。

此外，对企业所得税名义税率调整与销售费用粘性、管理费用粘性的相关性检验分析发现：①税率调整和销售费用粘性的相关性检验如表4-6所示，总体上，两者的相关系数为0.731**，在5%水平上显著，说明税率上调可以抑制销售费用粘性水平。进一步区分样本后发现，非国有企业样本组内，税率调整和销售费用粘性的相关系数为1.312***，在1%的水平上显著，且当非国有企业所得税税率偏低时，上调企业所得税税率对企业销售费用粘性的抑制作用较显著，两者相关系数为0.921*，在10%水平上显著。②企业所得税名义税率调整和管理费用粘性的相关性系数与前述研究基本一致，但各种系数均不显著。

4.4.2 稳健性检验

（1）根据第3章有关1994~2017年总样本统计分析可知，调整企业所得税名义税率时，一般税收征管强度也会发生不同程度的变化，并且税收征管强度和企业所得税名义税率之间呈现"此消彼长"的关系。因此，在考察税率调整对成本粘性的影响时，可能受到税收征管强度的干扰，为此，将税收征管强度因素纳入模型（4.1）进行稳健性检验，未报告的实证结果表明，回归系数及显著性并未发生实质变化。

（2）避税代理观和成本粘性代理观认为，公司治理水平对企业的避税活动产生明显影响，进而干扰了税率调整可能对企业避税活动的作用，并进一步干扰

表4-6 税率调整影响销售费用粘性的实证结果

lnse 销管费用	(1) 总样本	(2) 高税区	(3) 低税区	(4) 国有企业			(5) 非国有企业		
				a 全样本	b 高税区	c 低税区	d 全样本	e 高税区	f 低税区
lnsales	0.938***	0.872***	1.173***	1.098***	0.962***	1.475***	0.696***	0.705***	0.758***
	(11.45)	(8.07)	(8.77)	(10.01)	(6.82)	(7.97)	(5.57)	(4.09)	(3.81)
Dlnsales	-0.424	0.333	-1.496	-0.842	0.615	-3.344**	0.513	0.464	0.410
	(-0.67)	(0.33)	(-1.83)	(-0.96)	(0.46)	(-2.78)	(0.55)	(0.29)	(0.35)
ΔRATE	0.731**	0.644	0.506	0.186	0.143	-0.0544	1.312***	0.987	0.921*
	(2.92)	(1.47)	(1.64)	(0.52)	(0.24)	(-0.12)	(3.76)	(1.50)	(2.15)
AI	-0.143***	-0.166***	-0.105***	-0.156***	-0.185***	-0.111**	-0.120***	-0.133**	-0.0916*
	(-8.64)	(-6.88)	(-4.20)	(-7.25)	(-6.09)	(-3.10)	(-4.30)	(-3.01)	(-2.37)
EI	0.0174	0.0356*	-0.0052	0.0178	0.0286	-0.0087	0.0186	0.0262	0.0070
	(1.68)	(2.29)	(-0.35)	(1.30)	(1.44)	(-0.41)	(1.13)	(0.97)	(0.32)
SUC_D	0.0350	0.0356	0.0221	0.0177	0.0908	-0.0598	0.0448	-0.0472	0.113*
	(1.35)	(0.88)	(0.67)	(0.48)	(1.62)	(-1.25)	(1.21)	(-0.78)	(2.41)
LEV	-0.0059	-0.0041	0.0454	-0.0221	0.0014	0.0040	-0.0415	-0.115	0.104
	(-0.11)	(-0.05)	(0.63)	(-0.29)	(0.01)	(0.04)	(-0.54)	(-0.81)	(1.02)
GDP	0.0013	-0.0027	0.0060	0.0036	-0.0070	0.0192	-0.0046	-0.0032	-0.0062
	(0.25)	(-0.31)	(0.83)	(0.48)	(-0.61)	(1.81)	(-0.56)	(-0.22)	(-0.61)

续表

销管费用 lnse	(1) 总样本	(2) 高税区	(3) 低税区	(4) 国有企业			(5) 非国有企业		
				a 全样本	b 高税区	c 低税区	d 全样本	e 高税区	f 低税区
STATE	-0.0028 (-0.13)	-0.0141 (-0.44)	-0.0120 (-0.42)						
R^2	0.1289	0.1213	0.1770	0.1356	0.1327	0.1969	0.1361	0.1364	0.1898
截距项	-0.957* (-2.55)	-1.340* (-2.28)	-0.413 (-0.43)	-1.535** (-2.82)	-1.717* (-2.02)	-0.484 (-0.47)	-0.454 (-0.87)	-1.543 (-1.85)	0.297 (0.59)
公司效应	已控制	已控制	已控制	已控制	已控制	已控制	已控制	已控制	已控制
行业效应	已控制	已控制	已控制	已控制	已控制	已控制	已控制	已控制	已控制
地区效应	已控制	已控制	已控制	已控制	已控制	已控制	已控制	已控制	已控制
观测值 N	4462	2123	2339	2571	1350	1221	1891	773	1118

注：①括号内为 t 值；②*、**、***分别表示在10%、5%、1%水平下显著。

税率调整对成本粘性的影响。对此，在模型（4.1）中加入公司治理水平控制变量。对于公司治理水平变量的确认，借鉴张学勇和廖理（2010）、汪猛和徐经长（2016）的研究方法，运用第一主成分回归结果，构建公司治理水平综合指标（GSZL），并根据其中位数，区分公司治理水平较高组和公司治理水平较低组，分析在控制公司治理水平前提下税率调整对成本粘性的影响，实证分析结果如表4－7所示。

表4－7中，在税率调整和总成本粘性关系中，gszl×Dlnsales 的回归系数为0.0011，且在1%的水平上显著。第（2）列表示公司治理水平高出平均水平的样本组，此时 GSZL 的回归系数为0.001，但不显著；第（3）列表示公司治理水平较低的样本组，此时 GSZL 的回归系数为0.0032***，在1%的水平上显著。另外，在税率调整和营业成本粘性、销管费用粘性的关系中，公司治理的回归系数和显著性也基本上与上述表现类似。这说明，在公司治理水平越低的公司，提高公司治理能力越能有效降低成本粘性水平。当考虑公司治理水平时，税率调整对总成本粘性总样本的回归系数略有提高，且显著性不变，并且在总成本粘性、销管费用粘性研究中，税率调整的回归系数和显著性是稳定的。

（3）遗漏变量检验。税率调整在影响成本粘性的同时，成本粘性也可能受到企业经营绩效的作用，即企业绩效可能是影响成本粘性的重要变量。目前，尚没有理论研究直接证明企业绩效是影响成本粘性的重要控制变量，但鉴于当期的企业绩效结果可能会对后续成本管理产生作用，或者为了实现既定企业绩效目标，而从成本管理的角度进行盈余操作管理，从而实质上导致企业绩效对成本粘性的影响。例如，相关研究表明，大股东可能会以维持上市公司利润稳定为目标，进行"支持"工作（卿小权和高升好，2014；王亮亮，2018），并导致成本粘性的生成。基于此考量，将企业绩效作为控制变量加入模型4.1，在控制企业绩效影响的前提下，运用固定效应回归检验法，以检验企业所得税名义税率变动对成本粘性的作用。具体实证结果如表4－8所示。

表4-7 不同公司治理水平下税率调整影响成本粘性的研究实证结果

	总成本 (TCOST)			营业成本 (COST)			销管费用 (SG)		
	(1) 全样本	(2) GSZL 水平高	(3) GSZL 水平低	(4) 全样本	(5) GSZL 水平高	(6) GSZL 水平低	(7) 全样本	(8) GSZL 水平高	(9) GSZL 水平低
lnsales	1.032***	1.078***	1.007***	1.130***	1.139***	1.127***	0.981***	0.902***	0.977***
	(39.69)	(22.29)	(32.01)	(37.93)	(19.96)	(32.21)	(19.58)	(9.95)	(15.83)
Dlnsales	-0.291	-0.249	-0.264	-0.490	-0.478	-0.588	-0.964*	0.0752	-1.728*
	(-1.28)	(-0.71)	(-0.78)	(-1.83)	(-1.14)	(-1.48)	(-2.12)	(0.11)	(-2.46)
ΔRATE	0.287**	0.304*	0.292*	0.119	-0.0587	0.208	0.515**	0.586*	0.373
	(3.27)	(2.35)	(2.41)	(1.11)	(-0.34)	(1.53)	(2.91)	(2.35)	(1.49)
GSZL	0.0011***	0.001	0.0032***	0.0012***	0.0007	0.0029***	0.0011**	-0.0018	0.0025*
	(5.11)	(1.51)	(5.82)	(4.47)	(0.92)	(4.40)	(2.62)	(-1.49)	(2.17)
AI	-0.0974***	-0.103***	-0.0840***	-0.0803***	-0.0792***	-0.0748***	-0.0765***	-0.0994***	-0.0590***
	(-17.01)	(-13.02)	(-10.45)	(-11.53)	(-8.44)	(-7.63)	(-6.93)	(-6.39)	(-3.60)
EI	0.0095**	0.0176***	0.0029	0.0086	0.0187**	-0.0031	0.0176**	0.00731	0.0250*
	(2.61)	(3.30)	(0.61)	(1.90)	(2.95)	(-0.51)	(2.48)	(0.71)	(2.45)
SUC_D	0.0382***	0.0381**	0.0377**	0.0235*	0.0202	0.0280	0.0957***	0.119***	0.0669
	(4.11)	(2.90)	(2.85)	(2.12)	(1.24)	(1.83)	(4.92)	(4.63)	(2.27)

续表

	总成本（TCOST）			营业成本（COST）			销管费用（SG）		
	(1) 全样本	(2) GSZL水平高	(3) GSZL水平低	(4) 全样本	(5) GSZL水平高	(6) GSZL水平低	(7) 全样本	(8) GSZL水平高	(9) GSZL水平低
GDP	0.0021	0.0022	0.0011	0.003	0.0043	0.0022	0.0053	-0.0037	0.0131*
	(1.05)	(0.72)	(0.36)	(1.28)	(1.18)	(0.64)	(1.36)	(-0.64)	(2.15)
STATE	-0.0144*	0.0020	-0.0338**	0.0025	-0.0079	0.0056	-0.0402**	-0.0325	-0.0235
	(-2.01)	(0.20)	(-3.27)	(0.27)	(-0.68)	(0.44)	(-2.93)	(-1.72)	(-1.08)
Adjust_R^2	0.7741	0.7561	0.7805	0.7355	0.7056	0.7674	0.1856	0.1479	0.2500
截距项	0.114	0.0435	0.176	0.0640	0.0187	-0.0186	-0.885**	-0.893*	-0.657
	(0.76)	(0.24)	(0.62)	(0.34)	(0.09)	(-0.04)	(-3.13)	(-2.52)	(-1.38)
公司效应	已控制	已控制	已控制	已控制	已控制	已控制	已控制	已控制	已控制
行业效应	已控制	已控制	已控制	已控制	已控制	已控制	已控制	已控制	已控制
地区效应	已控制	已控制	已控制	已控制	已控制	已控制	已控制	已控制	已控制
观测值 N	6214	2994	3220	6071	2926	3145	5468	2704	2764

注：①括号内为 t 值；②*、**、*** 分别表示在 10%、5%、1% 水平下显著。

表4-8 稳健性检验：基于遗漏变量的固定效应回归实证研究结果

2002～2012年	（1）lntcost 总成本粘性	（2）lncost 营业成本粘性	（3）lnsg 销管费用粘性
lnsales	1.084***	1.169***	0.944***
	(33.15)	(30.46)	(14.87)
Dlnsales	-0.152	-0.342	-1.026*
	(-0.62)	(-1.14)	(-2.07)
ΔRATE	0.305***	0.153	0.515**
	(3.34)	(1.34)	(2.78)
ROA	0.538***	0.481***	-0.255
	(5.87)	(4.26)	(-1.44)
AI	-0.0912***	-0.0790***	-0.0686***
	(-14.69)	(-10.40)	(-5.79)
EI	0.0121**	0.0150**	0.0153*
	(3.04)	(3.06)	(2.00)
SUC_D	0.0447***	0.0109	0.106***
	(4.56)	(0.90)	(5.14)
GDP	-0.00002	0.0015	0.0061
	(-0.01)	(0.57)	(1.42)
STATE	-0.0151	0.0037	-0.0358*
	(-1.93)	(0.38)	(-2.44)
LEV	0.0675**	0.110***	-0.0340
	(2.97)	(3.91)	(-0.76)
GSZL	0.0006*	0.0008*	0.0009*
	(2.48)	(2.50)	(2.01)
FCF	0.436***	0.257***	0.254**
	(10.13)	(4.80)	(2.90)
AGE	0.0015	-0.0002	0.0008
	(1.65)	(-0.15)	(0.44)
R^2	0.7712	0.7225	0.1734
截距项	0.206	0.0913	-1.039***
	(1.24)	(0.44)	(-3.34)
公司效应	已控制	已控制	已控制
行业效应	已控制	已控制	已控制
地区效应	已控制	已控制	已控制
样本量N	5484	5352	4836

注：①括号内为t值；②*、**、***分别表示在10%、5%、1%水平下显著。

在考虑企业绩效对成本粘性作用的基础上，企业所得税名义税率调整（ΔRATE）对总成本粘性、营业成本粘性和销管费用粘性的相关系数依次是 0.305[***]、0.153、0.515[**]，检验结果与表 4 – 3 的实证结果具有一致性，说明前述实证研究结果是稳健性。

（4）内生性检验。目前，相关研究成果并没有直接证据说明企业绩效和成本粘性之间的互相影响。但表 4 – 8 实证结果表明，企业绩效对总成本粘性和营业成本粘性有显著的作用。同时，相关研究认为，企业的成本粘性对企业绩效是有影响的（葛饶，2017）；并且，成本粘性会混淆盈余稳健性的估计结果（步丹璐等，2016）。由此可以推论认为，企业绩效和成本粘性之间可能存在内生性问题。对此，将采用结构方程组的方法，对两者可能的内生性问题进行稳健性检验。

具体来说，首先，在模型（4.1）中加入企业绩效的控制变量，形成模型（4.3）；其次，结合企业绩效的回归模型，构建包含成本粘性自变量的多元回归模型（4.4）；最后，构建结构方程组（联立方程组）进行回归检验。实证研究结果如表 4 – 9 所示。

$$\log \frac{\text{expense}_{i,t}}{\text{expense}_{i,t-1}} = \alpha_0 + \alpha_1 \times \log \frac{\text{sale}_{i,t}}{\text{sale}_{i,t-1}} + \alpha_2 \times D_{i,t} \times \log \frac{\text{sale}_{i,t}}{\text{sale}_{i,t-1}} + \alpha_3 \times D_{i,t} \times$$

$$\log \frac{\text{sale}_{i,t}}{\text{sale}_{i,t-1}} \times \Delta \text{RATE}_{i,t} + \alpha_4 \times D_{i,t} \times \log \frac{\text{sale}_{i,t}}{\text{sale}_{i,t-1}} \times \text{ROA}_{i,t} + \sum_{j=4}^{8} \alpha_j \times D_{i,t} \times$$

$$\log \frac{\text{sale}_{i,t}}{\text{sale}_{i,t-1}} \times \text{Controls}_{i,t} + \sum_{k=1}^{16} \alpha_k \times \text{Industy}_{i,t} + \sum_{h=1}^{31} \alpha_h \times \text{Area}_{i,t} + \varepsilon_{i,t}$$

$$\text{（4.3：结构方程 1）}$$

$$\text{ROA}_{i,t} = \beta_0 + \beta_1 \times \text{STICKY}_{i,t} + \beta_2 \times \text{SIZE}_{i,t} + \beta_3 \times \text{LEV}_{i,t} + \beta_4 \times \text{GSZL}_{i,t} + \beta_5 \times$$

$$\text{FCF}_{i,t} + \beta_6 \times \text{GROWTH}_{i,t} + \beta_7 \times \text{GDP}_{i,t} + \beta_8 \times \text{AGE}_{i,t} + \sum_{k=1}^{16} \beta_k \times \text{Industy}_{i,t} +$$

$$\sum_{h=1}^{31} \beta_h \times \text{Area}_{i,t} + \varepsilon_{i,t}$$

$$\text{（4.4：结构方程 2）}$$

采用结构方程组模型进行实证研究，要求结构方程 1 和结构方程 2 中都存在外生解释变量。在结构方程 2 中，公司治理水平（GSZL）所反映的企业综合公司治能力会显著地影响企业绩效，但是对成本粘性的影响不显著，或者显著性水平较低。此外，企业经营年限（AGE）显著地影响企业绩效，但是对成本粘性的影响均不显著。结构方程 1 中，AI 和 EI 所代表的企业资产模式和员工数量情况，会显著地影响企业的成本粘性，但并没有相关研究和分析，证明他们会影响企业的经营绩效。表 4-9 的实证研究结果表明，针对上述分析的变量，各个模型的外生变量与模型因变量具有显著地相关性，但与另一模型因变量的相关性较弱，这符合联立方程组检验的基本要求。

表4-9　稳健性检验：基于内生性的结构方程实证研究结果（2002～2012 年）

	（1）lntcost 总成本粘性	（2）lncost 营业成本粘性	（3）lnsg 销管费用粘性
lnsales	1.084 ***	1.173 ***	0.945 ***
	(33.51)	(30.86)	(15.00)
Dlnsales	-0.127	-0.294	-1.027 *
	(-0.52)	(-0.99)	(-2.08)
ΔRATE	0.306 ***	0.131	0.514 **
	(3.36)	(1.15)	(2.80)
ROA	0.854 ***	0.736 ***	-0.166
	(9.73)	(6.82)	(-0.94)
AI	-0.0891 ***	-0.0770 ***	-0.0687 ***
	(-15.25)	(-10.88)	(-5.84)
EI	0.0135 ***	0.0152 ***	0.0155 *
	(3.64)	(3.39)	(2.03)
SUC_D	0.0453 ***	0.0122	0.106 ***
	(4.67)	(1.01)	(5.17)
GDP	-0.0003	0.0009	0.0061
	(-0.13)	(0.34)	(1.42)
STATE	-0.0179 *	0.00004	-0.0363 *
	(-2.47)	(0.00)	(-2.49)
LEV	0.099 ***	0.136 ***	-0.0239
	(4.59)	(5.10)	(-0.54)

	(1) lntcost 总成本粘性	(2) lncost 营业成本粘性	(3) lnsg 销管费用粘性
GSZL	0.0004 (1.86)	0.0006* (2.19)	0.0009 (1.92)
FCF	0.392*** (9.27)	0.212*** (4.02)	0.241** (2.78)
AGE	0.0014 (1.68)	−0.0001 (−0.13)	0.0008 (0.47)
Adj_R^2	0.8389	0.7930	0.3586
截距项	0.186 (0.92)	0.0314 (0.12)	−1.051** (−2.66)
	企业绩效 ROA	企业绩效 ROA	企业绩效 ROA
TCOSTsticky	0.0258*** (25.85)		
COSTsticky		0.0149*** (21.72)	
SGsticky			−0.0004 (−1.27)
SIZE	0.0084*** (14.89)	0.0074*** (12.84)	0.0084*** (12.82)
LEV	−0.120*** (−34.29)	−0.122*** (−34.05)	−0.137*** (−35.24)
GSZL	0.0004*** (11.41)	0.0005*** (12.25)	0.0005*** (12.16)
FCF	0.125*** (20.45)	0.125*** (19.92)	0.150*** (21.85)
GROWTH	0.0482*** (12.74)	0.0580*** (15.13)	0.0619*** (14.29)
AGE	−0.0004* (−2.55)	−0.0003* (−2.39)	−0.0004** (−2.78)
GDP	−0.0003 (−0.74)	−0.0006 (−1.34)	−0.0005 (−1.03)

续表

	企业绩效 ROA	企业绩效 ROA	企业绩效 ROA
STATE	0.008***	0.0061***	0.0074***
	(6.76)	(5.08)	(5.55)
Adj_R^2	0.8094	0.8101	0.7954
截距项	-0.0370	-0.0002	0
	(-0.71)	(-0.00)	(0.00)
公司效应	已控制	已控制	已控制
行业效应	已控制	已控制	已控制
地区效应	已控制	已控制	已控制
N 样本量	5484	5352	4836

注：①括号内为 t 值；②*、**、***分别表示在10%、5%、1%水平下显著。

在联立方程组检验中，仍然选用 2002～2012 年的样本数据，实证研究结果如表4-9所示。在考虑企业绩效和成本粘性内生性的基础上，ΔRATE 对总成本粘性、营业成本粘性和销管费用粘性的相关系数依次是 0.306***、0.131、0.514**，检验结果与表4-3的实证结果相类似，显著性和相关程度不变，只是数值略有差异，说明研究结果具有稳健性和可靠性。

通过上述四种稳健性分析方法进行实证检验后，可以说明税率调整影响企业成本粘性的研究结论是稳健且可靠的。

4.5 进一步分析：企业所得税税率影响
成本粘性的作用路径研究

前文实证分析表明，企业所得税名义税率调整，对企业的成本粘性有显著影响，研究结果支持研究假设4.1-1，即税率调整影响企业自由现金流后，会抑制管理者代理问题，降低在职消费和过度投资行为，并且企业所得税名义税率调整会影响投资者预期投资的剩余价值，从而在税率上调时，表现为投资不足。也就是说，税率调整可能会通过在职消费和投资活动的作用路径，对成本粘性发挥作用。那么，这种作用路径是否成立？且究竟是两种路径同时发生作用？还是只有一种路径发挥作用呢？为了进一步明确这一问题的答案，下面将采用随机效应回归和中介效应检验分析法，研究管理者在职消费和投资活动，在企业所得税名义税率调整影响成本粘性中发挥的路径作用。

4.5.1　中介效应检验研究设计

根据前文理论分析，企业所得税名义税率对企业的影响，可能体现为投资活动的波动，表现为过度投资和投资不足两种非效率投资行为，也可能会影响管理者在职消费水平。对此，根据有关投资和在职消费模型的研究，将开展如下研究：①分析和检验企业所得税名义税率对在职消费和投资效率的作用；②分析在职消费和投资效率对成本粘性的影响；③企业所得税名义税率和成本粘性的相关性分析——基于在职消费和非效率投资的中介效应。

为了完成中介效应分析和检验，根据上述内容分别构建模型如下：

（1）基于在职消费中介效应的模型构建。根据 Weiss（2010）、蔡蕾和李心合（2016）等有关成本粘性、在职消费的相关研究，构建中介效应模型组合如下：

$$\text{sticky} = \alpha_0 + \alpha_1 \times \text{RATE}_{i,t} + \alpha \times \text{Controls} + \sum \text{Industy} + \sum \text{Area} +$$
$$\sum \text{Year} + \varepsilon \tag{4.5}$$

$$\text{ZZXF} = \beta_0 + \beta_1 \times \text{RATE}_{i,t} + \beta \times \text{Controls} + \sum \text{Industy} + \sum \text{Area} +$$
$$\sum \text{Year} + \varepsilon \tag{4.6}$$

$$\text{sticky} = \alpha_0 + \gamma_1 \times \text{RATE}_{i,t} + \gamma_2 \times \text{ZZXF}_{i,t} + \gamma \times \text{Controls} + \sum \text{Industy} +$$
$$\sum \text{Area} + \sum \text{Year} + \varepsilon \tag{4.7}$$

其中，在职消费（ZZXF）为中介变量。借鉴蔡蕾和李心合（2016）等相关文献，用"支付的与经营活动相关的其他现金支出的自然对数"表示，在控制变量中，综合成本粘性控制变量和在职消费相关文献中对控制变量的要求，选用公司规模（SIZE）、资产负债水平（LEV）、营业收入是否连续下降（SUC_D）、公司治理水平（GSZL）、公司营业年限（YYSJ）、现金流量（FCF）、公司成长性（GROWTH）、股权性质（STATE）和投资水平（INVEST）9 个控制变量，具体说明见表 4-5。

（2）基于投资活动中介效应的模型构建。根据 Weiss（2010）、Richardson（2006）、杨华军和胡奕明（2007）、吕长江和张海平（2011）等有关成本粘性、非效率投资的相关研究，构建中介效应模型组合如下：

$$sticky = \alpha_0 + \alpha_1 \times \Delta RATE_{i,t} + \alpha \times Controls + \sum Industy + \sum Area + \sum Year + \varepsilon \tag{4.8}$$

$$Uefive(Overinvest_{i,t} \& Underinvest_{i,t}) = \beta_0 + \beta_1 \times \Delta RATE_{i,t} + \beta \times Controls + \sum Industy + \sum Area + \sum Year + \varepsilon \tag{4.9}$$

$$sticky = \alpha_0 + \gamma_1 \times \Delta RATE_{i,t} + \gamma_2 \times Uefive_{i,t} + \gamma_3 \times Uefive_{i,t} \times \Delta RATE_{i,t} + \gamma \times Controls + \sum Industy + \sum Area + \sum Year + \varepsilon \tag{4.10}$$

其中，模型（4.9）的功能是，分析企业所得税名义税率对非效率投资的作用。借鉴 Richardson（2006）、杨华军和胡奕明（2007）有关非效率投资的相关研究构建而成。Uefive 代表非效率投资，包括过度投资（Overinv）和投资不足（Underinv）两种情况，非效率投资指标的计量，参考辛清泉等（2007）、Biddle 等（2009）、Chen 等（2010）、李万福等（2011）和窦欢等（2014）相关文献，用收入增长对投资影响的残差，表示过度投资和投资不足。具体模型和残差估计如下：

$$Invest_{i,t} = \alpha_0 + \alpha_1 \times Growth_{i,t-1} + \varepsilon_{i,t} \tag{4.11}$$

模型（4.11）中，因变量 $Invest_{i,t}$ 表示公司 i 第 t 年的实际新增投资支出，等于"购建固定资产、无形资产和其他长期资产支付的现金 – 处置固定资产、无形资产和其他长期资产收回的现金净额"的自然对数（任建林，2018）；自变量 $Growth_{i,t-1}$ 代表公司成长性，等于（$Sales_{i,t-1} - Sales_{i,t-2}$）/ $Sales_{i,t-1}$。按照行业和年度依次回归，估计得到企业投资水平的估计值；然后，再计算企业投资过度或者投资不足程度。具体采用企业当年实际投资水平减去投资水平估计值的残差表示，若残差大于0，表示实际投资量高于正常投资平均量，企业存在一定的过度投资行为；若残差小于0，表示实际投资水平低于正常投资平均水平，说明企业存在投资不足的情况。综上两种情况都表示企业非效率投资，对此，当残差小于0时，取残差的绝对值，与大于0的残差合并，共同表示非效率投资总样本。

参考前述有关投资效率的研究文献，模型（4.9）选用的控制变量包括：投资机会（TQ）、公司规模（SIZE）、资产负债水平（LEV）、营业收入是否连续下降（SUC_D）、公司治理水平（GSZL）、公司营业年限（YYSJ）、现金流量（FCF）、公司成长性（GROWTH）、股权性质（STATE）、企业绩效（ROA）和投资收益率（TZSY）11个控制变量，具体说明如表4 – 10所示。

表4 – 10　变量定义

变量		变量含义
因变量	sticky	成本粘性，包括总成本、营业成本和销管费用三类成本粘性，具体模型和计算参考4.2
	Uefive	非效率投资，用收入增长对投资影响的残差表示
	Overinv	过度投资，残差 >0 的样本
	Underinv	投资不足，残差 <0 的样本
	ZZXF	在职消费，用"支付的与经营活动相关的其他现金支出"的自然对数表示
自变量	ΔRATE	所得税名义税率的变化，$RATE_t - RATE_{t-1}$，结果 >0，表示 t 期名义税率比 t – 1 期名义税率有所提升
控制变量	TQ	投资机会，等于（年末流通股数×年末股价 + 年末非流通股数×每股净资产 + 年末负债总额）/年末总资产
	SUC_D	哑变量，如果企业营业收入连续2年下降，取值1，否则为0
	SIZE	公司规模，等于年末总资产数额的自然对数

变量		变量含义
控制变量	LEV	财务杠杆，等于年末资产负债率，代表融资约束
	FCF	现金流量，等于（当期经营活动产生的现金流量净额－购建固定资产、无形资产和其他资产支付的现金）/总资产
	GROWTH	营业收入增长率，等于（t－1期营业收入－t－2期营业收入）/t－1期营业收入
	GSZL	公司治理水平：基于3维度12变量的第一主成分分析构建（详见4.2）
	ROA	企业绩效，等于利润总额/期末总资产
	JYSJ	经营时间，等于具体年度－公司成立年度
	STATE	产权性质，哑变量，国有企业，STATE＝0，其他产权性质企业，STATE＝1
	TZSY	投资收益率，等于本期投资收益/（长期股权投资本期期末值＋持有至到期投资本期期末值＋交易性金融资产本期期末值＋可供出售金融资产本期期末值＋衍生金融资产本期期末值）（国泰安数据库提供指标）
	INVEST	公司实际新增投资支出，等于"购建固定、无形和其他长期资产支付的现金－处置固定、无形和其他长期资产收回的现金净额"的自然对数

资料来源：根据 CSMAR 数据库和 WIND 数据库整理所得。

此处需要特别说明的是，在税收指标方面，由于文中税率调节指标的均值和中位数均为 0，这意味着，用税率调节指标将会造成很多样本检测的缺失。所以，为了更好地查看税收对在职消费、投资活动和成本粘性的作用，更有效地检验中介效应，将分别采用税率调整指标和企业所得税税率指标为解释变量。

4.5.2 样本选择与描述统计

为了与上文样本相呼应，以下仍以 2002～2012 年为样本期间，使用沪深两市 A 股上市公司合并报表中的年度数据，删除 ST 和＊ST 类公司；剔除具有较强行业特色的金融保险类上市公司；剔除企业所得税名义税率缺失以及无法进行前后年度比较的样本公司；剔除企业所得税实际税率大于或者小于 0 的公司；删除西藏地区上市公司，因为西藏自治区长期保持优惠且名义税率偏低的税收政策，与其他省市的企业所得税税率有明显不同。最后，得到 10467 个观测值，数据资料来源于 Wind 数据库、CSMAR 数据库和中国统计局数据库。采用随机效应回归分析方法，使用 Stata12.0 进行数据处理，并运用 Winsorize 处理技术，对连续变量前后各 1% 水平进行缩尾，以消除极端值对回归结果的影响。样本描述统计结果如表 4-11 所示。

表 4-11　描述统计

2002~2012 年	样本量	均值	标准差	最小值	中位数	最大值	25%分位数	75%分位数
tcoststicky	10467	0.041	0.773	-4.580	0.078	2.745	-0.108	0.303
coststicky	10467	0.672	0.946	-1.537	0.461	5.498	0.185	0.918
sgsticky	10467	4.396	2.693	-5.418	4.338	13.148	2.997	5.785
ZZXF	10467	0.152	0.135	0.015	0.117	1.016	0.072	0.184
Uefinv	10467	1.3856	1.1338	0.018	1.0906	4.915	0.4963	1.9947
Overinv	5407	1.3541	1.0535	0.0196	1.1055	4.4568	0.513	1.984
Underinv	5060	1.4288	1.2419	0.0163	1.0757	5.435	0.4806	2.0067
RATE	10467	0.211	0.076	0	0.200	0.330	0.150	0.250
ΔRATE	10467	0	0.04	-0.18	0	0.18	0	0
SUC_D	10467	0.193	0.395	0	0	1	0	0
SIZE	10467	21.749	1.148	19.093	21.611	25.683	20.924	22.394
LEV	10467	0.492	0.195	0.050	0.505	1.141	0.354	0.635
GSZL	10467	30.790	17.287	-4.790	29.847	62.462	16.214	47.059
YYSJ	10467	13.437	4.819	2	13	62	10	16
FCF	10467	-0.012	0.088	-0.284	-0.008	0.221	-0.061	0.041
GROWTH	10467	0.087	0.302	-1.595	0.125	0.782	0.000	0.239
STATE	10466	0.397	0.489	0	0	1	0	1
INVEST	10467	18.350	1.845	12.423	18.418	22.851	17.293	19.508
TQ	10467	1.7818	1.0771	0.9323	1.4137	9.542	1.1393	1.9853
ROA	10467	0.0456	0.064	-0.2228	0.0416	0.2383	0.0165	0.0739
TZSY	10045	0.0114	0.0232	-0.0371	0.0027	0.1286		0.0146

资料来源：根据 CSMAR 数据库和 WIND 数据库整理所得。

根据描述统计表 4-11 分析可知，过度投资样本量为 5407 个，投资不足样本量为 5060 个，平均企业所得税税率为 21%，且上调和下调税率的最大幅度均为18%。在职消费水平均值为0.152，略高于中位数水平0.117，说明只有部分公司的在职消费水平比较高，而大多公司的在职消费低于均值。

4.5.3 实证结果分析

根据温忠麟等（2004）有关中介效应检验的分析，分别以销管费用粘性、营业成本粘性和总成本粘性指标为因变量，以在职消费、非效率投资、过度投资和投资不足为中介变量，以企业所得税名义税率调整和当期企业所得税名义税率为解释变量，依次进行中介效应实证分析。研究结果发现：

（1）在职消费存在部分中介效应。表4-12报告了在职消费中介效应下，企业所得税名义税率和成本粘性的相关性实证结果。

表4-12 在职消费中介效应实证研究结果

	（1）销管费用粘性（sgsticky）	（2）在职消费（ZZXF）	（3）销管费用粘性（sgsticky）
RATE	1.109 **	-0.1129 ***	1.2709 ***
	(3.08)	(-7.01)	(4.62)
ZZXF			-9.6486 ***
			(-57.90)
SUC_D	-0.0625	0.0201 ***	0.2203 ***
	(-1.15)	(6.52)	(4.18)
SIZE	0.404 ***	-0.0266 ***	-0.001
	(9.92)	(-16.58)	(-0.36)
LEV	0.687 ***	-0.0612 ***	0.8299 ***
	(4.13)	(-8.93)	(7.08)
GSZL	0.0006	0.0003 ***	-0.0057 ***
	(0.30)	(3.28)	(-4.27)
FCF	-0.154	-0.0076	0.034
	(-0.57)	(-0.53)	(0.14)
GROWTH	3.174 ***	-0.1039 ***	2.226 ***
	(44.03)	(-25.43)	(31.01)

续表

	(1) 销管费用粘性 （sgsticky）	(2) 在职消费 （ZZXF）	(3) 销管费用粘性 （sgsticky）
YYSJ	-0.00195	-0.0004	-0.0104**
	(-0.22)	(-1.38)	(-2.14)
STATE	-0.360***	0.0202***	-0.2786***
	(-5.12)	(7.95)	(-6.4)
INVEST	-0.0530*	-0.0018	0.065***
	(-2.39)	(-1.83)	(3.92)
R^2	0.3373	0.0148	4.3047
截距项	-4.929***	0.8108***	4.3989***
	(-5.66)	(31.76)	(9.65)
行业	已控制	已控制	已控制
年份	已控制	已控制	已控制
地区	已控制	已控制	已控制
N	10436	10466	10466

注：①括号内为 t 值；②＊、＊＊、＊＊＊分别表示在 10%、5%、1% 水平下显著。

表 4 - 12 显示，虽然在职消费的部分中介效应检验有效，但仅在名义税率和销管费用粘性相关关系中，相关系数具有显著性，在其他粘性指标和税率的相关性关系中不显著。表 4 - 12 第（1）列中，企业所得税名义税率（RATE）和销管费用粘性的相关系数为 1.109＊＊，在 5% 水平上显著，即提高企业所得税名义税率，可以抑制销管费用粘性，支持研究假设 4.1 - 1。第（2）列中，税率对在职消费的相关系数为 -0.1129＊＊＊，在 1% 水平上显著为负，即提高企业所得税名义税率后，企业的在职消费水平显著降低，第（3）列中，在职消费和销管费用粘性的相关系数为 -9.6486＊＊＊，在 1% 水平上显著为负，即较高的企业在职消费水平会显著提高企业的销管费用粘性程度。也就是说，提高企业所得税名义税率，可以通过抑制企业的在职消费水平，降低企业的销管费用粘性程度。综上，根据温忠麟等（2004）有关中介效应的分析可知，在职消费发挥了部分中介效应作用。

（2）投资活动相关指标的中介效应检验。未报告的实证结果显示，投资活动相关指标的中介效应检验不显著。根据温忠麟等（2004）关于中介效应的介绍，中介效应不显著，可能是因为在自变量和因变量中，还有其他的作用机制或者中介变量发挥抵消性作用，从而导致考察变量的中介效应不显著。对此，根据4.2理论分析，结合现有相关研究文献推论认为，投资活动在企业所得税名义税率和成本粘性的关系中，可能存在抵消性作用机制，从而导致其中介效应检验无效。为了确定这一推论，分别根据前述模型（4.8）和模型（4.9），对企业所得税名义税率与投资效率的相关性、投资效率和成本粘性的相关性进行了实证检验，具体实证结果如表4-13和表4-14所示。

表4-13 企业所得税名义税率与投资活动相关性研究实证结果

	（1）总样本 （Uefinv）	（2）过度投资 （Underinv）	（3）投资不足 （Overinv）
RATE	0.449 **	0.938 ***	0.0312
	(2.88)	(4.08)	(0.24)
TQ	0.0958 ***	0.0393 *	0.0461 ***
	(7.29)	(2.23)	(3.52)
SIZE	0.227 ***	− 0.481 ***	0.789 ***
	(13.87)	(− 17.18)	(61.72)
LEV	0.180 *	0.601 ***	− 0.376 ***
	(2.18)	(5.50)	(− 5.37)
FCF	− 0.650 ***	1.504 ***	− 4.012 ***
	(− 6.03)	(8.81)	(− 42.51)
GROWTH	− 0.278 ***	− 0.429 ***	0.161 ***
	(− 8.76)	(− 10.23)	(4.91)
SUC_D	0.0110	− 0.162 ***	0.320 ***
	(0.48)	(− 4.76)	(15.79)
GSZL	− 0.0022 *	− 0.0041 **	0.0003
	(− 2.57)	(− 3.10)	(0.53)

	（1）总样本（Uefinv）	（2）过度投资（Underinv）	（3）投资不足（Overinv）
ROA	-1.376***	-1.370***	1.316***
	(-6.50)	(-4.81)	(6.33)
YYSJ	0.0138**	0.0277***	-0.0051
	(3.22)	(5.16)	(-1.67)
STATE	-0.0167	-0.0147	-0.0471
	(-0.51)	(-0.35)	(-1.86)
TZSY	-0.105	1.807**	-1.689***
	(-0.23)	(2.83)	(-4.32)
R^2	0.0287	0.0930	0.4904
截距项	-4.016***	10.88***	-16.28***
	(-9.53)	(16.26)	(-49.11)
行业	已控制	已控制	已控制
年份	已控制	已控制	已控制
地区	已控制	已控制	已控制
N	10014	4822	5192

注：①括号内为 t 值；②*、**、***分别表示在10%、5%、1%水平下显著。

表4-13实证结果表明，企业所得税名义税率与企业过度投资正相关，相关系数为0.938，在1%水平上显著。说明在较高的企业所得税名义税率下，企业存在较高的过度投资行为，符合投资税盾效应和避税代理观理论的推论。

表4-14　非效率投资与成本粘性相关性研究实证结果

	（1）tcoststicky	（2）coststicky	（3）sgsticky	（4）tcoststicky	（5）coststicky	（6）sgsticky
Overinv	0.0266	0.0532**	-0.199***			
	(1.77)	(2.61)	(-3.65)			
Underinv				-0.0215*	-0.0094	0.103**
				(-2.19)	(-0.74)	(3.05)
TQ	-0.0316*	0.110***	-0.202***	-0.0045	0.0656***	-0.136***
	(-2.23)	(5.76)	(-3.93)	(-0.37)	(4.24)	(-3.31)

	(1) tcoststicky	(2) coststicky	(3) sgsticky	(4) tcoststicky	(5) coststicky	(6) sgsticky
SIZE	-0.115***	0.00437	0.531***	0.0288	0.0365	0.160*
	(-6.21)	(0.18)	(7.99)	(1.68)	(1.47)	(2.43)
LEV	-0.0815	0.00471	0.825**	-0.0545	-0.129	1.539***
	(-1.07)	(0.05)	(2.99)	(-0.84)	(-1.37)	(6.16)
FCF	0.330**	0.682***	-1.795***	0.517***	0.582***	0.230
	(2.81)	(4.27)	(-4.19)	(4.01)	(3.83)	(0.57)
GROWTH	0.335***	-0.179***	2.624***	0.484***	-0.353***	3.236***
	(9.53)	(-3.74)	(20.49)	(15.04)	(-9.40)	(32.50)
SUC_D	0.0893***	0.120***	0.0575	0.0793**	0.0604*	0.0776
	(4.03)	(3.96)	(0.71)	(3.04)	(2.00)	(0.97)
GSZL	0.0012	-0.0021*	0.0018	0.0005	-0.0021	0.0044
	(1.71)	(-2.22)	(0.69)	(0.62)	(-1.81)	(1.44)
ROA	5.820***	5.133***	4.079***	4.732***	4.143***	3.479***
	(25.91)	(16.86)	(5.00)	(23.69)	(16.51)	(5.23)
YYSJ	-0.0016	-0.0032	-0.0074	0.0004	-0.0014	0.0103
	(-0.46)	(-0.71)	(-0.61)	(0.16)	(-0.30)	(0.86)
STATE	-0.0823**	0.0459	-0.353***	-0.0571*	0.103**	-0.430***
	(-2.93)	(1.23)	(-3.51)	(-2.56)	(2.91)	(-4.60)
TZSY	-2.994***	-2.189***	-4.221**	-2.642***	-3.382***	-2.852
	(-7.11)	(-3.83)	(-2.76)	(-5.73)	(-6.00)	(-1.91)
R^2	0.2379	0.0709	0.1448	0.1884	0.0696	0.2433
截距项	2.406***	0.160	-7.986***	-0.622	0.159	-1.061
	(5.48)	(0.27)	(-5.04)	(-1.49)	(0.27)	(-0.68)
行业	已控制	已控制	已控制	已控制	已控制	已控制
年份	已控制	已控制	已控制	已控制	已控制	已控制
地区	已控制	已控制	已控制	已控制	已控制	已控制
N	5192	5192	5192	4822	4822	4822

注：①括号内为 t 值；②*、**、***分别表示在10%、5%、1%水平下显著。

表4-14实证结果表明，过度投资与总成本粘性和营业成本粘性的相关系数为正，依次为0.0266和0.0532**。同时，过度投资与销管费用粘性相关系数为

-0.199***，在1%水平上显著。说明企业在面临较高的企业所得税名义税率时，管理者积极利用了投资税盾效应，并借避税为由扩大在职消费水平，从而提高了企业的销管费用粘性。

但与此同时，根据表4-12可知，企业所得税名义税率与在职消费的相关系数为负且显著（-0.1129***），说明高税率也确实可以通过现金流约束，抑制管理层的在职消费问题，进而降低企业的销管费用粘性。

综上可知，在企业面临较高的企业所得税名义税率下，一方面，管理者可以借由过度投资的避税效应，增加在职消费；另一方面，高税率产生的现金流压力会降低管理者在职消费能力。因此，两者的作用具有互相抵消的特性，这可能是导致投资活动在企业所得税名义税率和成本粘性之间，中介效应不显著的主要原因。

（3）稳健性分析。对于在职消费部分中介效应显著的结论，依次对名义税率和在职消费变量进行了替代变量分析，将当期名义税率用上一期名义税率替代，在职消费用"销管费用/营业收入"替代，进行稳健性分析后，结果依然显著。说明在职消费的部分中介效应是成立的，且具有稳健性。

4.6　本章小结

本章选用2002～2012年上市公司企业所得税名义税率与成本粘性的相关资料，运用代理理论、投资税盾和税收替代效应理论，从自由现金流、避税程度和投资收益率的视角，分析了企业所得税名义税率变动对企业成本粘性的影响效果和作用机制，并运用中介效应检验方法，实证研究了在职消费和投资效率，在税率与成本粘性相关关系中的中介作用。研究结果表明：

（1）在样本期间，我国企业所得税名义税率普遍有所降低，各类成本粘性均值均大于0，成本粘性水平较低。这说明2007年企业所得税税收改革，确实大面积广范围地降低了企业的税收负担；而且企业的成本管理效率整体水平较高，成本资源配置的灵活性较好。

（2）税率调整与销管费用粘性的相关系数为0.518**，在5%水平上显著为正；税率调整与营业成本粘性的相关系数为正但不显著，税率调整与总成本粘性的相关系数为0.316***，在1%水平上显著为正，说明提高税率将显著地抑制销管费用粘性和总成本粘性水平，上调税率通过强制提高对企业利润的分享比例，降低了企业可自由支配现金流，约束了企业的代理问题；且高税率降低了企业新增投资的预期收益率，对企业规模扩张具有抑制作用，从而降低了企业的成本粘性水平。

（3）进一步区分样本后研究发现，当国有企业所得税税率高于15%时，上调税率会显著地抑制企业的总成本粘性和营业成本粘性，相关系数分别是0.496**和0.605**；非国有企业的总成本粘性、销管费用粘性和销售费用粘性对税率调整比较敏感，它们的相关系数依次为0.347*、0.649*和1.312***，说明税率上调后，非国有企业的上述三类成本粘性水平都会降低，尤其是当非国有企业所得税税率低于15%时，上调税率会导致企业各类成本粘性水平显著降低。这一结论说明，相对于国有企业而言，非国有企业对税率的敏感性更高。

（4）在税率影响成本粘性的作用路径检验中，在职消费发挥部分中介效应，且仅限于税率和销管费用粘性的相关关系中，在税率和营业成本粘性、总成本粘性中，在职消费的中介效应不显著。即在职消费越高，企业销管费用粘性越大，上调税率可以抑制企业在职消费程度，从而发挥降低销管费用粘性水平的作用。投资活动（用非效率投资指标表示）的中介效应检验不显著，这可能是因为其他因素抵消了非效率投资的中介作用。进一步的分析结果，对该推测进行了佐证：在较高的企业所得税名义税率下，避税型过度投资水平较高。根据避税代理观，较高的过度投资水平往往引发较高的代理问题，从而提高了销管费用粘性水平，但由于高税率可能同时通过现金流约束降低企业代理问题，抵消了非效率投资途径引发的成本粘性水平变动。所以，整体上投资活动的中介效应检验不显著。

5 基于税收改革的成本粘性经济后果分析

企业绩效是判断企业经营活力的主要指标，在一般情况下，减税降费政策会降低企业的税收成本，进而直接改善企业绩效。但在影响企业绩效的成本因素方面，由于成本习性和成本粘性的存在，减税降费对企业绩效的作用可能会受到不同程度的干扰，表现出非线性关系。对此，确认成本粘性对企业绩效的影响，是深入分析减税降费政策对企业经营活力作用机制的重要环节。尤其是在已经证实税收改革对成本粘性影响的前提下，成本粘性会降低或者提升减税降费对企业经营活力的实施效应吗？基于上述逻辑，首先，明晰成本粘性与企业绩效的相关性，以确定成本粘性是否有可能影响企业绩效；其次，以企业所得税名义税率调整为研究视角，采用"税收改革—成本粘性—企业绩效"的研究路径，进一步确认减税降费影响企业经营活力的作用机制。

5.1 成本粘性对企业绩效的影响研究

5.1.1 理论回顾与研究假设

成本粘性源于企业一段时期的经营行为，同时又对企业经营结果甚至后续经营行为产生影响。例如，成本粘性不仅在一定程度上会影响企业绩效（孙铮和刘浩，2004），还会明显影响盈余估计的稳健性和会计稳健性（利润与股票回报之间的不对称来表示会计稳健性），控制成本粘性的相关变量，能增加盈余稳健性度量的准确性（步丹璐等，2016；吴应宇和蔡佳丽，2017），显著降低高管薪酬业绩敏感性（谢获宝和惠丽丽，2017），并且降低了证券分析师盈利预测的准确度（Weiss，2010；谢芳，2013）；等等。

根据前文第 2 章文献综述可知，现有研究普遍认为，成本粘性主要是由于管理者预期、代理问题和契约因素下的调整成本导致的。①从管理者预期角度，当企业经营行为与管理者的乐观预期一致时，成本粘性意味着对未来绩效的充分准备，并且能够创造更大的价值。此时，管理者的积极经营行为创造了更大的绩效，而当管理者乐观预期不能实现时，成本粘性意味着冗余性资源，其创造价值的效率偏低，会降低企业当期绩效。②从成本粘性代理观角度，管理者私利行为往往意味着管理者激励机制的非效率性，管理者个人帝国构建动机比较强，管理中有较多的非效率资源配置行为。所以，基于管理者代理问题形成的成本粘性，往往意味着资源配置和利用的低效率，不利于绩效提升。③基于调整成本因素的成本粘性，意味着企业由于契约成本问题，存在大量固定资产，或者存在大量雇佣工人，由于需要付出一定的成本，提高工人的熟练工作能力，因此，很多企业不能简单地因为收入下降而大量解雇工人。即基于契约调整成本原因形成的成本粘性，代表着"船大难调头"，产能利用不充分。当业务量下降时，闲置产能降低了企业绩效的绝对值和相对值；而当业务量加速上升时，闲置产能则是保障企业绩效迅速提升的重要砝码。因此，成本粘性既可能是导致企业绩效下滑的重要原因，也可能是促使企业绩效稳健乃至提高的重要条件。由此，提出对立性研究假设如下：

H5.1－1：成本粘性与企业绩效负相关，即成本粘性水平越高，企业绩效越低，成本粘性水平越低，企业绩效越高。

H5.1－2：成本粘性与企业绩效正相关，即较高的成本粘性水平可以提高企业绩效，反之较低的成本粘性水平不利于改善企业绩效。

根据 ABJ（2003）有关成本粘性的计算可知，成本粘性通常采用负数表示，且当成本粘性水平小于 0 时，成本粘性的绝对值越大，表示成本粘性水平越高；当成本粘性水平大于 0 时，成本粘性的值越大，表示成本反粘性水平越高或者是成本粘性水平越低。因此，成本粘性与企业绩效负相关，表示当成本粘性水平越高时，企业绩效的值越低，两者的相关系数为正数。反之，成本粘性与企业绩效正相关，表示当成本粘性水平越高（即成本粘性值越低）时，企业绩效的值越高，两者的相关系数为负数。

5.1.2 研究设计与变量选择

为了分析上述研究假设，借鉴 Weiss（2010）有关成本粘性经济后果研究模型，以及李增泉（2000）等企业绩效归因分析模型构建模型（5.1），以分析成本粘性对企业绩效的影响。

$$ROA_{i,t} = \beta_0 + \beta_1 \times STICKY_{i,t} + \beta_2 \times SIZE_{i,t} + \beta_3 \times LEV_{i,t} + \beta_4 \times GSZL_{i,t} +$$
$$\beta_5 \times FCF_{i,t} + \beta_6 \times GROWTH_{i,t} + \beta_7 \times GDP_{i,t} + \beta_8 \times AGE_{i,t} + \beta_9 \times$$
$$STATE_{i,t} + \sum_{k=1}^{16} \beta_k \times Industy_{i,t} + \sum_{h=1}^{30} \beta_h \times Area_{i,t} + \varepsilon_{i,t} \quad (5.1)$$

其中，模型（5.1）中的被解释变量是 ROA，表示企业绩效。目前企业绩效的测量指标，大多利用利润总额和权益净资产或者总资产的比值表示。此处，以利润总额和企业期末总资产的比值来计量企业绩效，并采用利润总额/权益净资产指标进行后续的稳健性检验替代变量。$STICKY_{i,t}$ 表示上市公司的成本粘性，是本文的解释变量，具体包括三类：①总成本粘性，用 TCOSTsticky 表示，其内容涵盖会计期间内的所有成本内容；②营业成本粘性，用 COSTsticky 表示，反映营业成本随营业收入上升和下降而同步变动的程度；③销管费用粘性，用 SGsticky 表示，反映销售费用和管理费用合计数随收入上升和下降而同步变动的程度。

有关成本粘性的计量模型和说明参考 4.3 的介绍，不再赘述。

参考企业绩效归因分析的相关研究成果，模型（5.1）的控制变量包括：①公司规模（SIZE），用企业总资产的自然对数表示；②资产负债率（LEV），用企业当期负债总额和资产总额的比值表示；③公司治理水平（GSZL），参考第 4 章中有关公司治理主成分分析的做法，采用三维度 12 指标的第一主成分分析方法构建所得；④自由现金流（FCF），等于经营活动净现金流与企业总资产的比值；⑤公司成长性（GROWTH），用企业前后两期的营业收入波动率表示；⑥宏观经济增长水平，用各地 GDP 增长速度表示；⑦公司经营时间（AGE），表示公司成立以来的时间长短；⑧公司所有区性质（STATE）。此外，企业的经营绩效还会受到公司所在地区、行业等因素的影响，对此，模型进一步采取了行业、地区和时间固定效应处理。

5.1.3 样本选择与描述统计

5.1.3.1 样本选择

综合前述企业所得税名义税率调整对成本粘性的影响研究，为了前后研究数据的可比性，选择沪深 A 股上市公司在 2002～2012 年的数据为样本，并对数据进行了如下处理：①删除了样本期间 ST 和 *ST 公司；②由于金融类会计业务处理规则的特殊性，删除了金融类公司；③删除了研究所需数据缺失的样本；④根据 Weiss（2010）成本粘性的计算公式，当一个企业连续四个季度呈现业务量上升或者业务量下降时，无法计算该年度的成本粘性，并且当 $\Delta COST$ 和 $\Delta SALES$ 的变动方向相反时，同样也无法计算该年度的成本粘性，故剔除营业收入四个季度连续上升或者连续下降的样本，并剔除季度营业成本差和季度营业收入差呈反方向状态的样本。经过上述数据处理后共得到 11814 个观测值。数据资料来源于 Wind 数据库、CSMAR 数据库、CCER（色诺芬）数据库和中国统计局数据库。本书使用 Stata12.0 软件处理数据，其中使用 Winsorize 技术对样本数据进行了前后各 1% 水平的缩尾处理，以剔除极端值的影响。样本年度分布情况具体如表 5－1。

表 5－1 样本公司年度分布情况

年份	2002	2003	2004	2005	2006	2007	2008	2009	2010	2011	2012
观测值	24	44	977	1031	1026	1058	1192	1245	1395	1776	2046

资料来源：根据 CSMAR 数据库整理所得。

5.1.3.2 描述性统计

研究样本的描述统计如表5-2所示。

表5-2 成本粘性与企业绩效描述统计

变量	N	均值	方差	最小值	中值	最大值
ROA	11814	0.05	0.06	-0.22	0.04	0.24
TCOSTsticky	11814	0.06	0.77	-4.58	0.09	2.74
COSTsticky	11814	0.68	0.95	-1.54	0.47	5.5
SGsticky	11814	4.31	2.7	-5.42	4.27	13.15
SEsticky	11814	6.43	4.16	-6.45	6.31	21.85
GEsticky	11814	5.41	2.93	-5.98	5.38	14.71
SIZE	11814	21.69	1.15	19.09	21.54	25.68
LEV	11814	0.47	0.2	0.05	0.49	1.14
GSZL	11814	29.11	17.44	-4.79	27.35	62.46
FCF	11814	-0.02	0.09	-0.28	-0.01	0.22
GROWTH	11814	0.09	0.29	-1.6	0.13	0.78
AGE	11814	13.1	4.72	3	13	30
STATE	11814	0.43	0.49	0	0	1
GDP	11814	112.01	2.35	105.4	112.2	123.8

资料来源：根据 CSMAR 数据库和 WIND 数据库整理所得。

表5-2中，总成本粘性（TCOSTsticky）、营业成本粘性（COSTsticky）、销管费用粘性（SGsticky）的均值为0.06（中位数为0.09）、0.68（中位数为0.47）、4.31（中位数为4.27），表明样本统计期间，上市公司的成本粘性水平总体上偏低，半数以上公司的成本粘性状态为反粘性，企业成本管理水平较高。ROA 的均值为0.05（中位数为0.04）。

5.1.4 实证结果

5.1.4.1 实证研究结果与分析

表5-3报告了成本粘性对企业绩效的实证检验结果。

根据表5-3实证结果可知，第（1）、第（4）、第（7）列中，TCOSTsticky、

COSTsticky、SGsticky 的回归系数依次为 0.0229***、0.0138***、0.00101***，且均在 1% 的水平上显著，说明成本粘性和企业绩效负相关，即成本粘性水平越高，企业绩效越低，而成本粘性越低甚至呈现反粘性水平时，企业绩效越高。

进一步区分成本粘性和成本反粘性，进行分样本检验发现，当企业的成本变动呈现粘性状态时，即成本粘性系数为负数时，总成本粘性、营业成本粘性和销管费用粘性对企业绩效的作用系数，依次为 0.0177***、0.0144***、0.00255；当企业成本粘性呈现反粘性状态，即成本粘性系数为正数时，总成本粘性、营业成本粘性和销管费用粘性对企业绩效的作用系数依次为 0.0219***、0.0108***、0.00098***；除了销管费用粘性样本组由于样本数量太少，而没有显著性结果之外，其余分样本检验结果与总样本结论一致，且都均在 1% 的水平上显著。说明总体上，不同类别的成本粘性都会对企业绩效产生负面作用，不利于企业绩效的提升，而降低成本粘性水平后则有利于企业绩效的改善。

5.1.4.2 稳健性分析

为了验证研究结论的稳健性，主要采用以下四种方法进行了稳健性检验：

（1）自选择问题分析。前述研究表明，降低成本粘性可以提升企业绩效，那有没有可能经营绩效良好的企业，因为自身公司治理水平或者管理能力比较高从而成本管理水平较高，导致成本结构中冗余性资源较少，成本粘性水平先天性比较低呢？也就是说，这里是否可能存在自选择偏差？即成本粘性可能是绩效良好企业的一种自选择行为。对此，本节采用 Heckman 两阶段回归分析法，处理前述模型中可能存在的自选择偏差问题。在 Heckman 两阶段回归分析中，首先参考李增泉（2010）和吴超鹏（2016）的相关研究，建立一个成本粘性研究模型，采用 Probit 回归实证分析模型后，获得公司是否存在成本粘性的 Inverse Mills Ratio（IMR）值，然后将 IMR 值加入模型（5.1）中再次进行实证分析，实证结果如表 5-4 所示。经过上述方式纠正自选择偏差后，表 5-4 的实证结果显示，总成本粘性、营业成本粘性和销管费用粘性指标的回归系数仍然显著为正，回归系数依次为 0.227***、0.104***、0.0141***。这说明，研究结论没有受到样本中自选择偏差问题的干扰。

表5-3 成本粘性影响企业绩效的实证结果

	ROA			ROA			ROA		
	(1) 全样本	(2) 粘性	(3) 反粘性	(4) 全样本	(5) 粘性	(6) 反粘性	(7) 全样本	(8) 粘性	(9) 反粘性
TCOSTsticky	0.0229***	0.0177***	0.0219***						
	(40.00)	(16.28)	(21.34)						
COSTsticky				0.0138***	0.0144***	0.0108***			
				(27.93)	(4.00)	(19.38)			
SGsticky							0.00101***	0.00255	0.00098***
							(5.27)	(1.24)	(4.35)
SIZE	0.0140***	0.0176***	0.0097***	0.0139***	0.0234***	0.0118***	0.0146***	0.0326***	0.0134***
	(23.71)	(20.19)	(13.49)	(22.63)	(13.69)	(18.24)	(22.84)	(8.59)	(20.66)
LEV	-0.147***	-0.145***	-0.124***	-0.159***	-0.185***	-0.148***	-0.172***	-0.209***	-0.168***
	(-48.29)	(-29.06)	(-35.04)	(-50.51)	(-21.48)	(-44.91)	(-53.19)	(-10.71)	(-51.00)
GSZL	0.0002***	0.00003	0.0003***	0.0002***	0.0001	0.0003***	0.0002***	-0.0002	0.0003***
	(6.30)	(0.55)	(7.15)	(6.63)	(0.44)	(7.32)	(6.60)	(-0.83)	(7.55)
FCF	0.0585***	0.0271**	0.0603***	0.0604***	0.0488**	0.0610***	0.0745***	0.108***	0.0721***
	(12.51)	(2.96)	(12.27)	(12.53)	(2.97)	(12.49)	(15.06)	(3.31)	(14.64)
GROWTH	0.0373***	0.0388***	0.0318***	0.0539***	0.0640***	0.0478***	0.0499***	0.0222***	0.0525***
	(26.00)	(16.08)	(17.78)	(37.97)	(16.29)	(31.21)	(31.58)	(3.86)	(29.42)

续表

	ROA			ROA			ROA		
	(1) 全样本	(2) 粘性	(3) 反粘性	(4) 全样本	(5) 粘性	(6) 反粘性	(7) 全样本	(8) 粘性	(9) 反粘性
AGE	0.0001	0.0005*	-0.0002	0.0001	0.0015***	-0.0001	0.0001	0.0025*	0.00001
	(0.61)	(2.26)	(-1.25)	(0.49)	(3.37)	(-0.81)	(0.34)	(2.23)	(0.03)
STATE	0.0074***	0.0095***	0.0047**	0.0057***	0.0161***	0.0039**	0.0079***	-0.0056	0.0083***
	(5.75)	(4.74)	(3.15)	(4.28)	(4.21)	(2.83)	(5.68)	(-0.63)	(5.93)
GDP	0.0008**	0.0008	0.0008**	0.0009**	0.0020	0.0007*	0.0009**	0.0030	0.0006*
	(2.71)	(1.48)	(2.66)	(3.20)	(1.85)	(2.41)	(2.85)	(1.11)	(2.03)
R²	0.3336	0.2831	0.2253	0.2928	0.3109	0.2477	0.2527	0.3806	0.2322
截距项	-0.286***	-0.385***	-0.194***	-0.308***	-0.590***	-0.233***	-0.299***	-0.963**	-0.244***
	(-8.03)	(-5.66)	(-5.04)	(-8.37)	(-4.10)	(-6.34)	(-7.89)	(-2.99)	(-6.49)
时间效应	已控制	已控制	已控制	已控制	已控制	已控制	已控制	已控制	已控制
行业效应	已控制	已控制	已控制	已控制	已控制	已控制	已控制	已控制	已控制
地区效应	已控制	已控制	已控制	已控制	已控制	已控制	已控制	已控制	已控制
样本量 N	11774	4211	7553	11774	1439	10325	11774	455	11180

注：①括号内为 t 值；②*、**、***分别表示在 10%、5%、1%水平下显著。

表5-4 稳健性检验：自选择问题下成本粘性影响企业绩效的实证结果

	(1) ROA	(2) ROA	(3) ROA
sqTCOSTsticky	0.227 ***		
	(18.70)		
sqCOSTsticky		0.104 ***	
		(11.49)	
sqSGsticky			0.0141 ***
			(4.68)
SIZE	1.112 ***	1.107 ***	1.113 ***
	(89.47)	(86.40)	(85.39)
LEV	-2.276 ***	-2.285 ***	-2.459 ***
	(-29.33)	(-28.00)	(-28.50)
GSZL	0.0025 ***	0.0025 ***	0.0027 ***
	(4.15)	(4.19)	(4.49)
FCF	0.929 ***	0.836 ***	0.875 ***
	(10.79)	(9.62)	(9.98)
GROWTH	0.926 ***	0.869 ***	0.929 ***
	(21.77)	(19.59)	(19.96)
AGE	-0.0049	-0.0060 *	-0.0055
	(-1.64)	(-1.99)	(-1.81)
GDP	0.0079	0.0082	0.0074
	(1.53)	(1.57)	(1.42)
IMR	0.449 ***	0.338 **	0.455 ***
	(4.38)	(3.14)	(4.03)
R^2	0.4125	0.4039	0.4032
截距项	-5.542 ***	-5.457 ***	-5.414 ***
	(-8.35)	(-8.09)	(-7.99)
时间效应	已控制	已控制	已控制
行业效应	已控制	已控制	已控制
地区效应	已控制	已控制	已控制
N 样本量	10680	10680	10680

注：①括号内为 t 值；②*、**、*** 分别表示在10%、5%、1%水平下显著。

（2）内生性问题检验。基于成本问题的内部管理，对企业绩效有显著作用，但企业绩效的变动也会反作用于企业成本管理行为。因此，成本粘性在影响企业绩效的同时，也可能受到企业绩效的反向作用，从而导致成本粘性和企业绩效之间存在内生性问题。目前，理论研究并没有直接证明该结论，但相关研究成果间接说明两者可能存在内生性问题。例如，成本粘性会混淆盈余稳健性的估计结果（步丹璐等，2016），并且，大股东可能会以维持上市公司利润稳定为目标，而进行"支持"工作（卿小权和高升好，2014；王亮亮，2018），并导致成本粘性的生成。对此，采用联立方程模型的方式，验证成本粘性和企业绩效之间的内生性问题，并在控制内生性的情况下，检验成本粘性对企业绩效的影响。

具体参考模型（4.1）和研究模型（5.1），构建联立方程组如下：

$$ROA_{i,t} = \beta_0 + \beta_1 \times STICKY_{i,t} + \beta_2 \times SIZE_{i,t} + \beta_3 \times LEV_{i,t} + \beta_4 \times GSZL_{i,t} +$$

$$\beta_5 \times FCF_{i,t} + \beta_6 \times GROWTH_{i,t} + \beta_7 \times GDP_{i,t} + \beta_8 \times AGE_{i,t} + \sum_{k=1}^{16} \beta_k \times$$

$$Industy_{i,t} + \sum_{h=1}^{30} \beta_h \times Area_{i,t} + \varepsilon_{i,t} \qquad (5.2：联立方程 5.1)$$

$$\log \frac{expense_{i,t}}{expense_{i,t-1}} = \alpha_0 + \alpha_1 \times \log \frac{sale_{i,t}}{sale_{i,t-1}} + \alpha_2 \times D_{i,t} \times \log \frac{sale_{i,t}}{sale_{i,t-1}} + \alpha_3 \times D_{i,t} \times$$

$$\log \frac{sale_{i,t}}{sale_{i,t-1}} \times ROA_{i,t} + \sum_{j=4}^{8} \alpha_j \times D_{i,t} \times \log \frac{sale_{i,t}}{sale_{i,t-1}} \times$$

$$Controls_{i,t} + \sum_{k=1}^{16} \alpha_k \times Industy_{i,t} + \sum_{h=1}^{31} \alpha_h \times Area_{i,t} + \varepsilon_{i,t}$$

$$(5.3：联立方程 5.2)$$

采用联立方程组模型进行实证研究，要求模型（5.2）和模型（5.3）中都存在外生解释变量。模型（5.2）中，GSZL 所反映的企业综合公司治理能力会显著影响企业绩效，但是对成本粘性的影响均不显著；模型（5.3）中，AI 和 EI 所代表的企业资产模式和员工数量情况，会显著影响企业的成本粘性，但并没有相关研究和分析证明，他们会影响企业的经营绩效。表 5 - 5 的实证研究结果表明，针对上述分析的变量，各个模型的外生变量与模型因变量显著相关，但与另一模型因变量弱相关，这符合联立方程组检验的基本要求。

在联立方程组检验中，仍然选用 2002 ~ 2012 年的样本数据，主要变量如前文所述，实证研究结果如表 5 - 5 所示。在考虑企业绩效对成本粘性作用的基础上，总成本粘性和营业成本粘性对企业绩效 ROA 的相关系数，依次是 0.0286 *** 和 0.0171 ***，检验结果与表 5-3 的实证结果相类似，在销管费用粘性方面，在控制了企业绩效对销管费用粘性的影响后，销管费用粘性对企业绩效的作用系数表现出弱相关性，系数不再显著，这是与表 5-3 略有不同的数据结果。

表 5-5 稳健性检验：内生性下成本粘性与企业绩效相关性实证结果

	(1) ROA	(2) ROA	(3) ROA
TCOSTsticky	0.0286 *** (30.26)		
COSTsticky		0.0171 *** (23.93)	
SGsticky			-0.0003 (-0.99)
SIZE	0.0112 *** (19.69)	0.0107 *** (18.27)	0.0121 *** (17.78)
LEV	-0.136 *** (-39.39)	-0.140 *** (-39.55)	-0.159 *** (-40.28)
GSZL	0.0004 *** (9.96)	0.0005 *** (10.85)	0.0005 *** (10.57)
FCF	0.118 *** (18.90)	0.118 *** (18.20)	0.151 *** (21.22)
GROWTH	0.0488 *** (12.71)	0.0598 *** (15.25)	0.0651 *** (14.61)
AGE	-0.0003 (-1.91)	-0.0003 * (-2.21)	-0.0004 * (-2.50)
GDP	0.0001 (0.15)	0.0002 (0.40)	0.0002 (0.34)
STATE	0.0081 *** (6.64)	0.0059 *** (4.73)	0.0074 *** (5.29)
Adjust $- R^2$	0.7970	0.7964	0.7827
截距项	-0.135 * (-2.56)	-0.145 ** (-2.70)	-0.175 ** (-2.82)

续表

	（1） ROA	（2） ROA	（3） ROA
时间效应	已控制	已控制	已控制
行业效应	已控制	已控制	已控制
地区效应	已控制	已控制	已控制
	lntcost 总成本粘性	lncost 营业成本粘性	lnsg 销管费用粘性
lnsales	1.088 ***	1.184 ***	0.985 ***
	(34.61)	(33.47)	(16.51)
Dlnsales	−0.582 *	−0.518	−1.751 ***
	(−2.52)	(−1.94)	(−3.84)
ROA	1.548 ***	1.066 ***	0.332 *
	(22.14)	(13.21)	(2.41)
AI	−0.0877 ***	−0.0859 ***	−0.0657 ***
	(−15.53)	(−13.19)	(−5.81)
EI	7041.6 ***	7171.0 **	9795.4 *
	(3.61)	(3.11)	(2.52)
SUC − D	0.0726 ***	0.0262 *	0.0959 ***
	(7.90)	(2.47)	(5.08)
LEV	0.173 ***	0.166 ***	0.0008
	(8.55)	(7.07)	(0.02)
GSZL	−0.0003	0.0001	0.0009
	(−1.43)	(0.44)	(1.94)
FCF	0.341 ***	0.206 ***	0.212 **
	(8.41)	(4.32)	(2.61)
AGE	0.0011	−0.0005	0.0015
	(1.38)	(−0.59)	(0.90)
GDP	0.0015	0.0006	0.0096 *
	(0.72)	(0.26)	(2.38)
STATE	−0.0263 ***	0.0054	−0.0489 ***
	(−3.75)	(0.66)	(−3.57)
Adjust − R^2	0.8180	0.7891	0.3368
截距项	−0.117	0.337	−1.464 ***
	(−0.64)	(1.60)	(−4.04)

续表

	(1) ROA	(2) ROA	(3) ROA
时间效应	已控制	已控制	已控制
行业效应	已控制	已控制	已控制
地区效应	已控制	已控制	已控制
样本量 N	6591	6477	5640

注：①括号内为 t 值；②*、**、***分别表示在 10%、5%、1% 水平下显著。

（3）采用替代变量分析法。在因变量 ROA 的指标方面，选用权益净利率替代上述总资产利润率进行检验，研究结果如表 5-6 所示。对比表 5-3，表 5-6 实证结果显示的回归系数的数值略有差异，总成本粘性、营业成本粘性和销管费用粘性指标的回归系数仍然依次为 0.0480***、0.0270***、0.00175**，但相关性和显著性没有变化。

（4）滞后变量分析。企业的成本粘性可能是企业长期经营管理水平和管理能力的积累，其对绩效的影响不仅受到当期成本粘性的影响，还可能因为时间的连续性而存在多期连续影响，存在一定的滞后效应。对此，选择用成本粘性滞后一期的数据对当期企业绩效进行实证研究，研究结果如表 5-7 所示。表 5-7 实证结果显示，滞后一期的总成本粘性、营业成本粘性和销管费用粘性对企业绩效的影响回归系数依次为 0.0125***、0.0071***、0.0011***，在相关性和显著性方面基本与本书的研究结论一致。

综上，通过更换企业绩效替代变量、对成本粘性变量滞后一期、控制自选择和内生性四种方式，进行稳健性检验后可以证明，成本粘性和企业绩效之间的相关关系是稳健的，降低成本粘性水平，能够改善企业绩效。因此，该研究结论是有效的。

5.1.5　研究结论

为了明晰税收改革对企业绩效的作用机制，本节按照"税收改革—成本粘

表5-6　稳健性检验：成本粘性影响企业绩效（替代变量：权益净利率）的实证结果

	ROA			ROA			ROA		
	(1) 全样本	(2) 粘性	(3) 反粘性	(4) 全样本	(5) 粘性	(6) 反粘性	(7) 全样本	(8) 粘性	(9) 反粘性
TCOSTsticky	0.0480***	0.0303***	0.0375***						
	(30.55)	(9.43)	(16.05)						
COSTsticky				0.0270***	0.0397***	0.0181***			
				(20.57)	(3.39)	(13.46)			
SGsticky							0.00175***	0.00654	0.00173**
							(3.48)	(1.07)	(2.98)
SIZE	0.0289***	0.0400***	0.0194***	0.0288***	0.0543***	0.0240***	0.0302***	0.0631***	0.0285***
	(20.30)	(17.19)	(12.45)	(19.71)	(9.89)	(17.03)	(20.30)	(5.19)	(18.64)
LEV	-0.116***	-0.217***	-0.0180*	-0.137***	-0.348***	-0.0936***	-0.163***	-0.267***	-0.164***
	(-15.05)	(-15.46)	(-2.29)	(-17.47)	(-12.52)	(-12.32)	(-20.71)	(-4.42)	(-20.38)
GSZL	0.0004***	0.0002	0.0004***	0.0004***	0.0001	0.0004***	0.0005***	-0.0003	0.0005***
	(4.50)	(1.01)	(4.39)	(4.78)	(0.15)	(5.26)	(5.08)	(-0.32)	(5.65)
FCF	0.101***	0.0440	0.108***	0.108***	0.0871	0.106***	0.140***	0.0781	0.132***
	(7.92)	(1.57)	(9.58)	(8.23)	(1.63)	(8.62)	(10.56)	(0.82)	(10.22)
GROWTH	0.0836***	0.0917***	0.0660***	0.120***	0.118***	0.110***	0.113***	0.0401*	0.117***
	(20.99)	(12.32)	(16.09)	(30.71)	(9.21)	(28.35)	(26.52)	(2.43)	(24.87)

续表

	ROA			ROA			ROA		
	(1) 全样本	(2) 粘性	(3) 反粘性	(4) 全样本	(5) 粘性	(6) 反粘性	(7) 全样本	(8) 粘性	(9) 反粘性
AGE	0.0005	0.0013*	-0.0001	0.0004	0.0064***	-0.0004	0.0004	0.0013	0.0005
	(1.34)	(2.12)	(-0.34)	(1.22)	(4.49)	(-1.17)	(1.02)	(0.35)	(1.25)
STATE	0.0157***	0.0241***	0.00843*	0.0123***	0.0438***	0.00731*	0.0165***	-0.0439	0.0184***
	(5.07)	(4.41)	(2.58)	(3.86)	(3.56)	(2.40)	(5.13)	(-1.53)	(5.59)
GDP	0.0016*	0.0016	0.0011	0.0019*	0.0034	0.0013	0.0018*	-0.0046	0.0014
	(1.99)	(0.91)	(1.61)	(2.35)	(0.96)	(1.66)	(2.12)	(-0.59)	(1.78)
R²	0.1704	0.1218	0.1079	0.1365	0.1670	0.1134	0.1101	0.1839	0.1070
截距项	-0.694***	-0.898***	-0.448***	-0.734***	-1.287***	-0.558***	-0.719***	-0.676	-0.638***
	(-7.11)	(-4.28)	(-5.12)	(-7.37)	(-2.76)	(-6.07)	(-7.09)	(-0.71)	(-6.48)
时间效应	已控制	已控制	已控制	已控制	已控制	已控制	已控制	已控制	已控制
行业效应	已控制	已控制	已控制	已控制	已控制	已控制	已控制	已控制	已控制
地区效应	已控制	已控制	已控制	已控制	已控制	已控制	已控制	已控制	已控制
样本量 N	11774	4211	7553	11774	1439	10325	11774	455	11180

注：①括号内为t值；②*、**、***分别表示在10%、5%、1%水平下显著。对比表5-3、表5-6实证结果显示的数值略有差异，总成本粘性、营业成本粘性和销管费用粘性指标的回归系数仍然依次为0.0480***、0.0270***、0.00175**，但相关性和显著性没有变化。

表5-7 稳健性检验:成本粘性(滞后变量)影响企业绩效的实证结果

	ROA			ROA			ROA		
	(1) 全样本	(2) 粘性	(3) 反粘性	(4) 全样本	(5) 粘性	(6) 反粘性	(7) 全样本	(8) 粘性	(9) 反粘性
sqTCOSTsticky	0.0125***	0.0084***	0.0143***						
	(21.25)	(4.98)	(23.67)						
sqCOSTsticky				0.0071***	0.0104***	0.0071***			
				(14.12)	(6.80)	(13.86)			
sqSGsticky							0.0011***	0.0002	0.0016***
							(6.79)	(0.51)	(9.49)
SIZE	0.0142***	0.0229***	0.0117***	0.0145***	0.0229***	0.0120***	0.0146***	0.0236***	0.0119***
	(23.07)	(13.34)	(18.45)	(23.05)	(13.46)	(18.43)	(22.78)	(13.55)	(18.02)
LEV	-0.159***	-0.181***	-0.144***	-0.165***	-0.180***	-0.151***	-0.173***	-0.187***	-0.160***
	(-50.14)	(-20.81)	(-44.01)	(-51.27)	(-20.98)	(-45.15)	(-53.41)	(-21.57)	(-47.61)
GSZL	0.0002***	0.00004	0.0002***	0.0002***	0.00003	0.0002***	0.0002***	0.0001	0.0003***
	(6.27)	(0.30)	(6.91)	(6.22)	(0.25)	(6.82)	(6.55)	(0.40)	(7.12)
FCF	0.0781***	0.0582***	0.0702***	0.0724***	0.0509**	0.0658***	0.0737***	0.0522**	0.0670***
	(15.96)	(3.53)	(14.49)	(14.66)	(3.12)	(13.36)	(14.85)	(3.15)	(13.56)
GROWTH	0.0540***	0.0657***	0.0465***	0.0531***	0.0653***	0.0454***	0.0544***	0.0663***	0.0475***
	(37.16)	(16.95)	(30.32)	(36.24)	(16.97)	(29.17)	(36.83)	(16.93)	(30.25)

续表

	ROA			ROA			ROA		
	(1) 全样本	(2) 粘性	(3) 反粘性	(4) 全样本	(5) 粘性	(6) 反粘性	(7) 全样本	(8) 粘性	(9) 反粘性
AGE	0.0001	0.0014**	-0.0001	0.00001	0.0013**	-0.0002	0.0001	0.0014**	-0.0001
	(0.51)	(3.10)	(-0.58)	(0.08)	(2.94)	(-1.07)	(0.32)	(3.15)	(-0.81)
STATE	0.0008**	0.0020	0.0005	0.0009**	0.0019	0.0006*	0.0008**	0.0020	0.0005
	(2.74)	(1.80)	(1.73)	(3.03)	(1.71)	(2.14)	(2.74)	(1.75)	(1.79)
GDP	0.0076***	0.0149***	0.0054***	0.0070***	0.0141***	0.0048***	0.0081***	0.0148***	0.0062***
	(5.65)	(3.90)	(3.94)	(5.09)	(3.72)	(3.41)	(5.86)	(3.84)	(4.33)
R2	0.2660	0.3222	0.2538	0.2562	0.3286	0.2325	0.2539	0.3082	0.2312
截距项	-0.291***	-0.591***	-0.207***	-0.307***	-0.580***	-0.225***	-0.295***	-0.601***	-0.208***
	(-7.78)	(-4.12)	(-5.66)	(-8.12)	(-4.07)	(-6.05)	(-7.77)	(-4.15)	(-5.57)
时间效应	已控制	已控制	已控制	已控制	已控制	已控制	已控制	已控制	已控制
行业效应	已控制	已控制	已控制	已控制	已控制	已控制	已控制	已控制	已控制
地区效应	已控制	已控制	已控制	已控制	已控制	已控制	已控制	已控制	已控制
样本量 N	11719	1430	10279	11719	1430	10279	11719	1430	10279

注：①括号内为 t 值；②*、**、*** 分别表示在 10%、5%、1% 水平下显著。

性—企业绩效"的路径，以 2002~2012 年的上市公司数据为样本，分析了成本粘性对企业绩效的影响，研究发现：

（1）成本粘性水平与企业绩效存在负相关关系，总成本粘性、营业成本粘性和销管费用粘性与企业绩效（ROA）之间的相关系数依次为 0.0229***、0.0138***、0.00101***，即成本粘性水平越高，企业绩效越低。

（2）进一步区分成本粘性和成本反粘性后，分析发现，在不同样本组中，成本粘性和企业绩效之间都存在负相关关系。当企业成本表现为粘性水平时，总成本粘性、营业成本粘性和销管费用粘性与企业绩效（ROA）之间的相关系数依次为 0.0177***、0.0144***、0.00255；当企业成本表现为反粘性水平时，即当成本粘性水平系数为正数时，总成本粘性、营业成本粘性和销管费用粘性与企业绩效（ROA）之间的相关系数依次为 0.0219***、0.0108***、0.00098***。后续的稳健性检验证明，该研究结论具有稳健性。

综合前述章节的研究发现，降低企业所得税名义税率会增强企业成本粘性，结合成本粘性对企业绩效的负向作用结论可以发现，从企业所得税的角度减税降费行为，会导致短期内企业绩效的下滑。该结论有助于挖掘宏观财政改革和微观企业管理之间的作用路径和机制，有助于进一步理解企业面对宏观改革下的行为表现，为企业绩效的影响因素研究提供了新的视角。

5.2　企业所得税名义税率对企业绩效的影响
——基于成本粘性的中介效应检验

5.2.1　引言

在 2008 年中央经济工作会议上，结构性减税被首次提出；2012 年，财政收入的增长速度由两位数降为个位数，自 2016 年 5 月 1 日起开始全面实施"营改增"，不断出台更多的减税降费政策，发展至今形成了普惠性减税与结构性减税并存的税收结构。目前，我国的减税降费政策主要是针对国内经济增长速度换挡、经济结构亟须调整、去产能降杠杆，以及国际减税竞争下投资竞争日趋激烈等问题而实施的，意在通过减税降低企业经营成本，改善企业经营活力，优化经济发展结构，提升经济长足的发展动力。理论界对结构性减税的研究，主要集中在宏观减税效应、减税空间、减税机制等方面（郭庆旺，2019；张军等，2019）；从企业微观视角，研究减税的降成本效果、减税提升企业绩效实施效应的成果比较少，但减税降费促进经济发展的根本动力，在于企业成本的优化和绩效的改善。因此，有必要测度减税是否通过降低企业营运成本，而提升了企业绩效，并深入探索减税降成本影响企业绩效的作用机制，从而为政府税收政策的持续改进提供参考，也为企业面对税收改革下的资源配置策略选择提供借鉴。

5.2.2 文献分析与研究假设

5.2.2.1 企业所得税名义税率对企业绩效的影响

（1）基于税务收入效应的财务实力分析。税收的收入效应理论认为，税率调整通过改变税负的数额，影响企业可自由支配生产要素的数量，进而影响产品生产能力和企业利润。当企业所得税名义税率提高时，从内部资源积累角度，税负提高降低了企业财务实力的储蓄能力，也增加了企业的融资压力，这将不利于企业竞争优势培育以及相应路径下的未来利润源泉创造（刘行和吕长江，2018）。因此，从长期来看，提高企业所得税名义税率会降低企业绩效。

（2）基于税收替代效应的政策激励分析。根据税收替代效应理论，调整税率会通过影响投资与消费的边际成本，导致企业在投资扩张和消费扩张中进行选择，即企业表现为扩张战略或者收缩战略，进而影响企业绩效。当企业面临较高的企业所得税名义税率时，继续扩张投资产生的收入，会因为税收的原因而有所下降，企业的投入收益率下降，因此，企业会表现为更谨慎或者更厌恶的投资情绪，不利于企业的生产和市场扩张，约束了企业绩效的提升；反之，较低的企业所得税名义税率，则可能激发企业投资扩张，进而为企业绩效提升提供产能保障。

（3）基于避税问题的非税成本分析。税率是影响企业税收遵从程度的重要因素。税率与企业避税程度正相关，即税率越高，企业越趋向于积极避税。这是因为，由于税率调整可以通过税负的刚性支付，改变企业可支配的自由现金流（Law and Mills，2015；Richardson et al.，2015；王亮亮，2016），改变企业的财务实力。因此，面对税率的提高，企业往往会采用激进的避税措施（Clotfelter，1983；毛程连等，2014）。积极的避税措施主要体现为，通过纳税筹划降低实际税率，或者通过盈余管理措施实质降低企业利润水平。例如，近来爆出的影视行业诸多名人利用霍尔果斯注册地低税率优惠，而在当地设立公司的案例，也有越来越多的公司选择将公司注册在"避税天堂"（胡阳等，2019）等，充分体现了面对高税率时，企业税收筹划谋求低税率的积极性。另外，税率越高，企业的避税程度越高（蔡蕾和李心合，2016）；且管理层的在职消费与企业的避税程度正相关（廖歆欣和刘运国，2016），即企业通过产生更多的在职消费实施避税，以实现应纳税额的降低。但根据避税代理观，避税活动通常会引发更多的非透明操作，妨碍会计信息的真实性，增加投资者和管理者之间的信息不对称性，管理者拥有了自利行为空间，容易发生侵害企业绩效的非效率资源配置行为，即避税活动引发的信息不对称和代理问题，会提高企业的"非税成本"，从而不利于企业绩效的改善（汪猛和徐经长，2016；刘行和吕长江，2018）。此外，从商业信用的视角研究认为，非国有控股企业的税收规避所引起的商业信用减少，会显著降低企业绩效（付佳，2017）。也就是说，面对较高税率时，企业较高的避税程度，会导致更多避税代理成本，不利于企业绩效改善。

综上分析，根据税收的收入效应理论、替代效应理论和避税非税成本分析，较高的企业所得税名义税率可能导致企业绩效下降，由此提出研究假设 H5.2 - 1。

H5.2 - 1：在其他条件不变的情况下，企业所得税名义税率调整与企业绩效负相关。提高企业所得税名义税率，会降低企业绩效；反之，企业绩效会提升。

（4）基于税收遵从理论的分析。早期税收遵从理论认为，税率提升会改变企业未来扩容投资的资金使用量，缩减企业避税的空间，且提高避税风险。因此，税率提高反而能够抑制企业的避税程度（Allingham and Sandmo，1972）。即税率与企业避税程度负相关，税率越高，企业避税程度越低。进一步结合避税代理观可推论，高税率在抑制企业避税程度的同时，有利于约束管理者代理问题，从而有利于改善企业绩效。

（5）基于管理者绩效考核的分析。面对高税率时，股东会因为更高的税负分享比例，对剩余股权收益变动的敏感性相对提高。并且，高税率下企业避税与否的问题等，都会直接影响企业管理者的任期考核或者业绩考核效应。根据Chen 和 Chu（2005）、Barile（2012）有关避税与经理人激励问题的分析，避税行为导致绩效信息噪声增加，高管薪酬激励契约有效性下降，且容易产生激励不足，增加代理问题。另外，避税产生的收益并不完全归属管理者，而避税的风险直接由少数管理者承担（叶康涛和刘行，2014）。因此，基于避税活动的风险收益权衡，管理者可能更趋向于具有低风险效应的绩效提升。即在高税率时，充分发挥管理能力，削减冗余资源，提升资源利用效率，从而改善企业绩效，直接提升个人的经济收益和声誉收益，而不选择具有高风险收益的激进避税措施。另外，从声誉的角度，由于家族企业更重视企业声誉，相比于非家族企业来说，家族企业的避税行为更少（Chen et al.，2010）。也就是说，不论是从经济收益还是从声誉收益的方面考虑，管理者都会选择通过绩效结果改善自身收益，而不是通过避税中的自利行为实现自身收益。由此可以推论，当企业面临较高的税率时，企业的经营绩效可能会更加优异。

综上分析，根据管理者绩效考核视角和早期税收遵从理论分析，较高的企业所得税名义税率，会抑制企业避税空间，激发管理者提升其管理效率，从而有利于改善企业绩效。由此，提出与假设 5.2－1 相对立性的研究假设。

H5.2－2：在其他条件不变的情况下，企业所得税名义税率与企业绩效正相关，提高企业所得税名义税率，会改善企业绩效；反之，会降低企业绩效。

5.2.2.2　基于成本粘性的中介效应

（1）成本粘性与企业绩效。企业经营绩效会受到成本资源配置有效性的重要影响。通常，较低的企业成本管理效率是拖累企业经营绩效的主要内部原因之一，即使在企业绩效良好的情况下，也会因为内部资源配置合理性的下降而拖累企业发展。成本管理效率低，往往意味着各环节中沉淀着各类冗余性资源（江伟和胡玉明，2011），形成成本粘性。所以，企业成本粘性越大，说明企业面对市场风险的应对能力越弱，特别是由于管理者自利行为，以及个人帝国构建动机而导致的成本粘性将严重制约企业成本资源配置的效率，不利于企业绩效改善。前文也证实了成本粘性与企业绩效的相关关系，即成本粘性越高，企业绩效越低，成本粘性水平越低，企业绩效越高。

（2）企业所得税名义税率与成本粘性。一方面，调整税率通过税收改变了企业可支配的自由现金流，并通过现金流量对管理者、大股东的代理问题发挥激励或约束作用。同时，也对企业融资产生作用。尤其当企业所得税名义税率提高时，企业面临的现金流量约束和融资压力约束普遍提高（Law and Mills，2015；Richardson et al.，2015；王亮亮，2016），此时，企业的成本粘性呈下降趋势。另外，政府对部分地区、行业、产业进行税率调节，具有一定的发展支持或者限制政策导向。根据税收的替代效应，税率改变将会影响企业扩张投资的边际成本，当税率较高时，企业持续投资的收益，因为税收的原因而有所降低，从而在一定程度上会抑制企业的投资积极性，企业规模扩张动机降低，甚至会出现压缩投资转而消费的现象。所以，根据税收的替代效应，当税率较高时企业的成本粘性水平可能会降低。

另一方面，企业面临更高的所得税名义税率时，会提升避税程度，且避税活动增加了信息不透明性，提高了管理者的代理问题，进而引发了管理者在职消费、过度投资等意愿。例如，相关研究发现，提高企业所得税名义税率会增强企业的避税程度，并体现为更多的在职消费行为（蔡蕾等，2016）。所以，企业所得税名义税率变动，可能因为企业避税程度的调整而导致成本随收入变动的同步性发生变化。具体来说，当企业所得税名义税率提高时，企业避税动机和意愿提高，会采用积极的避税措施。此时，因为管理层避税的风险收益不匹配，以及避税活动引发的信息不对称，导致管理者自利行为增加，在职消费乃至过度投资增多，使收入上升时成本大幅度上升，而收入下降时由于管理者代理问题，成本同比例下降程度缩小，形成成本粘性。反之，降低企业所得税名义税率后，企业避税程度降低，也弱化了企业因避税而产生的代理问题，有利于资源配置与收入的同步性，从而降低成本粘性。

综上分析可推论，企业所得税名义税率的高低会影响企业成本粘性，但对企业成本粘性的影响可能是提高，也可能是降低，且成本粘性会对企业绩效也发挥作用。由此提出假设：

H5.2 - 3：在企业所得税名义税率水平和企业绩效的相关关系中，成本粘性发挥了显著的中介作用，其中，前半段路径中税率水平与成本粘性的相关系数可能为正，也可能为负。如图 5 - 1 所示。

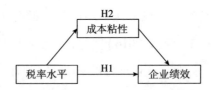

图 5 - 1   企业所得税名义税率水平、成本粘性和企业绩效中介效应模型

5.2.3   研究设计与变量选择

为了分析上述研究假设，借鉴 Weiss（2010）和李增泉（2000）等有关成本粘性经济后果研究模型、企业绩效归因分析模型构建模型（5.4），以分析税率水平对企业绩效的影响。

$$\text{ROA}_{i,t} = \alpha_0 + \alpha_1 \text{RATE}_{i,t} + \sum_{k=1}^{8} \alpha_{2,k} \text{Controls}_{i,t} + \alpha_3 \text{Ind}_{i,t} + \alpha_4 \text{Area}_{i,t} +$$

$$\alpha_5 \text{Year}_n + \varepsilon_{i,t} \tag{5.4}$$

另外，借鉴温忠麟等（2004）有关中介效应研究的成果，构建中介效应检验模型（5.5）和模型（5.6），分析企业所得税名义税率水平和成本粘性的相关性，以及成本粘性对企业绩效的作用，最终检验成本粘性水平在税率水平影响企业绩效中发挥的中介效应。

$$STICKY_{i,t} = \beta_0 + \beta_1 RATE_{i,t} + \sum_{k=1}^{8} \beta_{2,k} Controls_{i,t} + \beta_3 Ind_{i,t} + \beta_4 Area_{i,t} +$$

$$\beta_5 Year_n + \varepsilon_{i,t} \tag{5.5}$$

$$ROA_{i,t} = \delta_0 + \delta_1 RATE_{i,t} + \delta_2 STICKY_{i,t} + \sum_{k=1}^{8} \delta_{3,k} Controls_{i,t} + \delta_4 Ind_{i,t} +$$

$$\delta_5 Area_{i,t} + \delta_6 Year_n + \varepsilon_{i,t} \tag{5.6}$$

其中，模型（5.4）中的因变量是 ROA，表示企业绩效，以利润总额和企业期末总资产的比值来计量。另外，采用利润总额/权益净资产指标，进行后续的稳健性检验替代变量。$RATE_{i,t}$ 表示上市公司的企业所得税名义税率，是解释变量。模型（5.5）中 $STICKY_{i,t}$ 表示企业成本粘性，分为总成本粘性、营业成本粘性和销管费用粘性三类指标，具体计算参考 5.1 相关模型和说明。

根据企业绩效归因分析的相关研究成果，模型（5.4）的控制变量包括：①公司规模（SIZE），用企业总资产的自然对数表示；②资产负债率（LEV），用企业当期负债总额和资产总额的比值表示；③公司治理水平（GSZL），参考第4章中有关公司治理主成分分析的做法，采用三维度12指标的第一主成分分析方法构建所得；④自由现金流（FCF），等于经营活动净现金流与企业总资产的比值；⑤公司成长性（GROWTH），用企业前后两期的营业收入波动率表示；⑥宏观经济增长水平，用各地 GDP 增长速度表示；⑦公司经营时间（AGE），表示公司成立以来的时间长短；⑧公司所有区性质（STATE）。此外，企业的经营绩效还会受到公司所在地区、行业等因素的影响，对此，模型进一步采取了行业、地区和时间固定效应处理。

上述中介效应组合模型检验程序如下：

第一步，用税率水平对企业绩效进行直接回归分析，以检验主效应。若税率水平对企业绩效的回归系数 α_1 显著为正数，则 H5.2-1 成立；若回归系数 α_1 显著为负数，则 H5.2-2 成立；在 H5.2-1 或者 H5.2-2 成立的条件下，都可以直接进行下一步的中介效应检验。在中介效应检验中，回归系数 α_1 显著是进行后续中介效应检验的前提（Baron and Kenny，1986），因此，若回归系数 α_1 不显著，则后续中介效应检验的作用，不再是解释税率对企业绩效的作用机制，而可能是更有利于分析税率为什么不影响企业绩效，这与本书的研究主题和建模逻辑不同，故将没必要进行[①]。第二步，检验税率水平对成本粘性的作用回归系数，观察回归系数 β_1 是否显著。第三步，把税率水平和成本粘性指标同时当作解释变量，放入企业绩效回归模型中，观察两者的归回系数 δ_1 和 δ_2 的大小及显著性。此时，若 β_1 和 δ_2 都显著时，直接效应系数 δ_1 不显著，说明成本粘性在企业所得税税率水平和企业绩效之间具有完全中介效应；直接效应系数 δ_1 显著，则意味着发挥部分中介作用。若 β_1 和 δ_2 至少有一个不显著，将使用 Bootstrap 法，进一步验证 $\beta_1 \times \delta_2$ 乘积系数是否显著。若显著，则中介效应成立；若不显著，则中介效应不成立（温忠麟和叶宝娟，2014）。据此可知，若存在中介效应，则说明假设 H5.2 – 3 成立；不存在中介效应时，则研究假设 H5.2 – 3 不成立。

5.2.4 样本选择与描述统计

5.2.4.1 样本选择

为了全面分析企业所得税名义税率对经营绩效的影响，且保持与前述研究的可比性，选用沪深 A 股上市公司 2002～2012 年合并报表中的年度数据为样本，并对数据进行了以下处理：①删除了样本期间 ST 和 *ST 公司；②由于金融类会计业务处理规则的特殊性，删除了金融类公司；③删除了研究所需数据缺失的样本；④根据 Weiss（2010）和葛尧（2017）成本粘性的计算公式，当一个企业连续四个季度呈现业务量上升或者业务量下降时，无法计算该年度的成本粘性，并且当 ΔCOST 和 ΔSALES 的变动方向相反时，也无法计算该年度的成本粘性，故剔除营业收入四个季度连续上升或者连续下降的样本，并剔除季度营业成本差和季度营业收入差呈反方向状态的样本。经过上述数据处理后共得到 11814 个观测值。数据资料来源于 Wind 数据库、CSMAR 数据库、CCER（色诺芬）数据库和

---

① 温忠麟，刘云红，侯杰泰. 调节效应和中介效应分析［M］. 北京：教育科学出版社，2012. 在该书中，温忠麟等认为主效应系数不显著，而后进行的中介分析主要不是说明 X 对 Y 的作用机制，而是分析 X 为什么对 Y 作用不显著，这两者的建模逻辑是不同。例如，使用中介分析发现"间接效应和直接效应符号相反"，这样主效应就被遮掩了，所以主效应系数不显著。

中国统计局数据库。本文使用 Stata12.0 进行数据处理，为了消除极端值对回归结果的影响，对连续变量进行了前后各 1% 水平的 Winsorize 处理。具体样本年度构成如表 5-8 所示。

表 5-8 样本公司年度分布情况

年份	2002	2003	2004	2005	2006	2007	2008	2009	2010	2011	2012
观测值	24	44	977	1031	1026	1058	1192	1245	1395	1776	2046

资料来源：根据 CSMAR 数据库整理所得。

5.2.4.2 描述性统计

全样本描述统计结果如表 5-9 所示。企业总资产收益率（ROA）的均值为 0.05，中位数为 0.04；权益净利率（ROA1）均值为 0.09，中位数也为 0.09。其中，ROA 最小值为 -0.22，最大值为 0.24，说明在样本期间内企业的经营绩效水平有比较大的差异。企业所得税名义税率均值为 21%，中位数为 15%，说明享受企业所得税税率优惠的企业数量较多。此外，企业的各类成本粘性水平的均值都大于 0，整体上企业的成本管理水平较高。

表 5-9 企业所得税税率与经营绩效相关性研究样本描述统计

变量	样本量	均值	标准差	最小值	中位数	最大值
ROA	11814	0.05	0.06	-0.22	0.04	0.24
ROA1	11814	0.09	0.14	-0.71	0.09	0.52
RATE	11814	0.21	0.08	0	0.15	0.33
ΔRATE	11814	0	0.04	-0.18	0	0.18
TCOSTsticky	11814	0.06	0.77	-4.58	0.09	2.74
COSTsticky	11814	0.68	0.95	-1.54	0.47	5.5
SGsticky	11814	4.31	2.7	-5.42	4.27	13.15
SEsticky	11814	6.43	4.16	-6.45	6.31	21.85
GEsticky	11814	5.41	2.93	-5.98	5.38	14.71

续表

变量	样本量	均值	标准差	最小值	中位数	最大值
SIZE	11814	21.69	1.15	19.09	21.54	25.68
LEV	11814	0.47	0.2	0.05	0.49	1.14
GSZL	11814	29.11	17.44	-4.79	27.35	62.46
FCF	11814	-0.02	0.09	-0.28	-0.01	0.22
GROWTH	11814	0.09	0.29	-1.6	0.13	0.78
AGE	11814	13.1	4.72	3	13	30
GDP	11814	111.98	2.28	105.4	112.2	116.4
STATE	11814	0.43	0.49	0	0	1
SUC_D	11814	0.27	0.44	0	0	1
TE	11814	0.99	0.07	0.8	1	1.21

资料来源：根据 CSMAR 数据库和 WIND 数据库整理所得。

5.2.5 实证结果与分析

根据第 4 章和第 5 章第 1 节的研究，在考察企业所得税名义税率和经营绩效关系时，分别将企业所得税名义税率（RATE）和企业所得税税率调整（ΔRATE）作为自变量，分析其对企业经营绩效的作用。具体实证结果如表 5 - 10 所示。

表 5 - 10　名义税率、税率变化与企业绩效相关性实证检验结果

	（1）ROA 总资产利润率	（2）ROA1 权益净利率	（3）ROA 总资产利润率	（4）ROA1 权益净利率
RATE	0.0174* (2.43)	0.0387* (2.11)		
ΔRATE			-0.0065 (-0.69)	-0.0159 (-0.61)
SIZE	0.0142*** (22.49)	0.0292*** (19.99)	0.0142*** (22.50)	0.0292*** (19.98)
LEV	-0.173*** (-53.91)	-0.167*** (-21.38)	-0.172*** (-53.86)	-0.166*** (-21.27)

续表

	(1) ROA 总资产利润率	(2) ROA1 权益净利率	(3) ROA 总资产利润率	(4) ROA1 权益净利率
GSZL	0.0002 ***	0.0003 ***	0.0002 ***	0.0004 ***
	(5.43)	(3.79)	(5.51)	(3.86)
FCF	0.0707 ***	0.130 ***	0.0710 ***	0.131 ***
	(14.33)	(9.86)	(14.39)	(9.91)
GROWTH	0.0524 ***	0.116 ***	0.0524 ***	0.116 ***
	(35.94)	(29.41)	(35.95)	(29.40)
AGE	− 0.00004	0.0002	− 0.00001	0.0002
	(− 0.24)	(0.48)	(− 0.08)	(0.64)
GDP	0.0009 **	0.0017 *	0.0008 **	0.0017 *
	(2.83)	(2.07)	(2.77)	(2.02)
STATE	0.0082 ***	0.0174 ***	0.0081 ***	0.0173 ***
	(5.96)	(5.50)	(5.90)	(5.45)
SUC_D	− 0.0117 ***	− 0.0306 ***	− 0.0117 ***	− 0.0306 ***
	(− 12.10)	(− 11.59)	(− 12.08)	(− 11.57)
R^2	0.2582	0.1168	0.2574	0.1157
截距项	− 0.283 ***	− 0.676 ***	− 0.280 ***	− 0.669 ***
	(− 7.49)	(− 6.69)	(− 7.40)	(− 6.62)
行业	已控制	已控制	已控制	已控制
年份	已控制	已控制	已控制	已控制
地区	已控制	已控制	已控制	已控制
样本量 N	11774	11774	11774	11774

注：①括号内为 t 值；②*、**、***分别表示在 10%、5%、1% 水平下显著。

表 5 - 10 研究结果显示，企业所得税名义税率（RATE）和经营绩效存在显著正相关关系，而企业所得税名义税率调整（ΔRATE）与企业绩效之间不存在显著相关性。这可能与 ΔRATE 变量自身的数据特征相关。描述统计显示，ΔRATE 中存在大量结果为 0 的样本，导致其对绩效的作用效果不易有效观测。为此，以下以 RATE 作为自变量，解释成本粘性的中介效应情况。

表 5 - 10 中，企业所得税名义税率与总资产利润率的相关系数为 0.0174*，

在 10% 的水平上显著，与权益净利率的相关系数为 0.0387*，在 10% 的水平上显著，说明企业面临的所得税税率越高，企业的绩效越优。即符合税收遵从理论和管理者绩效考核分析逻辑，较高的企业所得税税率有利于抑制企业避税活动，降低了避税引发的代理问题和商业信用降低等，最终有利于企业绩效优化，支持研究假设 H5.2 - 1。

为了进一步厘清在企业所得税税率水平和经营绩效之间相关性中，成本粘性的中介性作用机制，利用模型（5.5）和模型（5.6），以企业所得税名义税率 RATE 作为自变量，三类成本粘性水平（总成本粘性水平、营业成本粘性水平和销管费用粘性水平）作为中介变量，企业绩效 ROA 作为因变量进行中介效应检验。实证检验发现，根据模型（5.5）未报告的研究结果显示，企业所得税名义税率对总成本粘性、营业成本粘性的回归结果不显著；企业所得税名义税率与销管费用粘性的相关研究结果如表 5 - 11 所示。

表 5 - 11　销管费用粘性在税率与企业绩效相关性中的中介效应实证结果

	（1）企业绩效 ROA	（2）销管费用粘性 SGsticky	（3）企业绩效 ROA
RATE	0.0174*	2.1390***	0.0244***
	(2.43)	(7.09)	(3.91)
SGsticky			0.0004*
			(2.17)
SUC_D	- 0.0117***	- 0.0558	- 0.0126***
	(- 12.10)	(- 1.08)	(- 11.80)
SIZE	0.0292***	0.3059***	0.014***
	(19.99)	(13.68)	(30.27)
LEV	- 0.167***	1.5551***	- 0.1586***
	(- 21.38)	(12.40)	(- 61.21)
GSZL	0.0003***	- 0.0051***	0.0003***
	(3.79)	(- 3.52)	(11.36)
FCF	0.130***	- 0.4573	0.1116***
	(9.86)	(- 1.83)	(21.55)

续表

	(1) 企业绩效 ROA	(2) 销管费用粘性 SGsticky	(3) 企业绩效 ROA
GROWTH	0.116***	3.2381***	0.062***
	(29.41)	(42.12)	(39.01)
GDP	0.0009**	0.0262*	0.0008***
	(2.83)	(2.53)	(3.91)
YYSJ	−0.00004	−0.0035	−0.0003**
	(−0.24)	(−0.66)	(−2.57)
STATE	0.0082***	−0.4046***	0.0103***
	(5.96)	(−8.37)	(10.33)
R²	0.2582	5.8052 (0.0755)	0.0025
截距项	−0.283***	−6.3714***	−0.288***
	(−7.49)	(−4.85)	(−10.60)
行业	已控制	已控制	已控制
年份	已控制	已控制	已控制
地区	已控制	已控制	已控制
N	11774	11814	11814

注：①括号内为 t 值；②*、**、*** 分别表示在 10%、5%、1% 水平下显著。

表 5 - 11 第（2）列的实证结果显示，企业所得税名义税率水平对销管费用粘性的回归系数为 2.1390***，在 1% 水平上显著，说明面临较高的企业所得税税率时，企业的销管费用粘性水平得到抑制，表现为更显著的反粘性特征，销管费用总结构中，冗余性资源配置占比很低。

根据模型（5.6），实证分析销管费用粘性的中介效应发现：销管费用粘性与企业绩效的相关系数为 0.0004*，在 10% 水平上显著，说明当企业的销管费用粘性水平越高时（即负数的绝对值越大），企业的绩效水平越低。结合表 5 - 11 第（2）列和第（3）列的实证分析可知，企业所得税名义税率越高，越能够抑制销管费用粘性水平，根据销管费用粘性和企业绩效之间的相关关系，越低的销管费用粘性，将越有利于改善企业绩效状况。该结论支持研究假设 H5.2 - 3，说明销管费用粘性的中介效应是成立的。

5.2.6 稳健性检验

为了验证上述研究结论的稳健性，主要采用以下三种方法进行了稳健性检验：

（1）采用替代变量分析法。在因变量（ROA）的指标方面，根据大多数相关研究文献做法，选用权益净利率，替代上述总资产利润率进行检验，研究结果如表 5-12 所示。在主效应检验中，企业所得税名义税率（RATE）与企业绩效（ROA1）的相关系数为 0.0172*，在 10% 水平上显著；在直接效应检验中，企业所得税税率与企业绩效（ROA1）的相关系数为 0.0158*，在 10% 水平上显著；中介效应检验中，企业所得税名义税率对销管费用粘性的回归系数为 1.574***，销管费用粘性在税率和企业绩效（ROA1）相关性中的中介效应回归系数为 0.001***，在 1% 水平上显著。根据温忠麟等（2004）有关中介效应检验的分析可知，在采用替代变量的基础上，中介效应检验依然有效。

表 5-12　稳健性检验：企业绩效（ROA）替代变量检验实证研究结果

	（1）ROA1 权益净利率	（2）SGsticky 销管费用粘性	（3）ROA1 权益净利率
RATE	0.0172* (2.41)	1.574*** (4.55)	0.0158* (2.21)
SGsticky			0.001*** (5.01)
SUC_D	-0.0117*** (-12.10)	-0.0719 (-1.53)	-0.0117*** (-12.04)
SIZE	0.0142*** (22.49)	0.322*** (10.42)	0.0139*** (21.90)
LEV	-0.173*** (-53.91)	1.200*** (7.68)	-0.174*** (-54.17)

续表

	(1) ROA1 权益净利率	(2) SGsticky 销管费用粘性	(3) ROA1 权益净利率
GSZL	0.0002 ***	− 0.0011	0.0002 ***
	(5.43)	(− 0.66)	(5.46)
FCF	0.0708 ***	− 0.0985	0.0708 ***
	(14.35)	(− 0.41)	(14.36)
GROWTH	0.0524 ***	3.143 ***	0.0493 ***
	(35.93)	(44.53)	(31.36)
YYSJ	− 0.00004	0.0021	− 0.00004
	(− 0.25)	(0.26)	(− 0.26)
GDP	0.001 **	0.0139	0.001 **
	(3.15)	(0.92)	(3.11)
STATE	0.0082 ***	− 0.350 ***	0.0085 ***
	(5.97)	(− 5.23)	(6.20)
R^2	0.2583	0.1749	0.2614
截距项	− 0.297 ***	− 5.778 **	− 0.291 ***
	(− 7.69)	(− 3.09)	(− 7.56)
行业	已控制	已控制	已控制
年份	已控制	已控制	已控制
地区	已控制	已控制	已控制
N	11774	11774	11774

注：①括号内为 t 值；②＊、＊＊、＊＊＊分别表示在10%、5%、1%水平下显著。

（2）内生性问题稳健检验。前文已经证实，成本粘性与企业绩效之间存在内生性问题。针对这一问题，在销管费用粘性中介效应检验中，采用工具变量法进行内生性稳健检验，将销管费用随着营业收入同步变动的动态指标，直接替换为销管费用的自然对数这一静态指标，以作为工具变量进行检验，实证检验结果如表5-13所示。

表 5 – 13　稳健性检验：销管费用中介效应检验实证结果

	(1) ROA 资产利润率	(2) lnSG 销管费用	(3) ROA 资产利润率
RATE	0.0172 * (2.41)	– 0.3502 * (– 2.02)	0.0373 *** (4.56)
lnSG			– 0.002 *** (3.48)
SUC_D	– 0.0117 *** (– 12.10)	– 0.0884 ** (– 2.68)	– 0.217 *** (– 13.95)
SIZE	0.0142 *** (22.49)	0.0094 (0.74)	0.0139 *** (23.48)
LEV	– 0.173 *** (– 53.91)	0.2264 ** (3.15)	– 0.1626 *** (– 47.91)
GSZL	0.0002 *** (5.43)	– 0.004 *** (– 4.94)	0.0005 *** (13.09)
FCF	0.0708 *** (14.35)	– 0.8667 ** (– 6.14)	0.1436 *** (21.49)
GROWTH	0.0524 *** (35.93)	1.3273 *** (25.61)	0.0784 *** (30.66)
YYSJ	– 0.00004 (– 0.25)	– 0.007 * (– 2.38)	– 0.0005 ** (– 3.36)
GDP	0.001 ** (3.15)	– 0.0011 (– 0.19)	0.0007 ** (2.69)
STATE	0.0082 *** (5.97)	0.1411 *** (5.36)	0.0087 *** (7.00)
R^2	0.2583	0.1058	0.4151
截距项	– 0.297 *** (– 7.69)	– 1.8301 * (– 2.56)	– 0.2832 *** (– 8.39)
行业	已控制	已控制	已控制
年份	已控制	已控制	已控制
地区	已控制	已控制	已控制
N	11774	7025	7025

注：①括号内为 t 值；②＊、＊＊、＊＊＊分别表示在 10%、5%、1% 水平下显著。

如表 5-13 所示，当采用企业销管费用自然对数作为中介变量时，在主效应检验中，企业所得税名义税率与企业绩效（ROA）的相关系数为 0.0172*，在 10% 水平上显著；在直接效应检验中，企业所得税税率与企业绩效（ROA）的相关系数为 0.0373***，在 1% 水平上显著；中介效应检验中，企业所得税税率对销管费用自然对数的回归系数为 -0.3502*，销管费用自然对数在税率和企业绩效相关性中的中介效应回归系数为 -0.002***，在 1% 水平上显著。根据温忠麟等（2004）有关中介效应检验的分析可知，在控制内生性的基础上，中介效应检验依然有效。

（3）面板数据时间扩展检验。在企业所得税税率和经营绩效的相关性研究以及成本粘性的中介效应检验中，为了与前述章节内容进行同样本比较，选用了 2002~2012 年沪深 A 股上市公司数据。但为了进一步观测实证结果的稳健性，特将样本数据进一步扩展到 2017 年，并根据前述数据筛选方式获得 22049 个样本数据，2002~2017 年样本数据的相应实证结果如表 5-14 所示。

表 5-14　稳健性检验：样本期间扩展后中介效应检验实证研究结果

	（1）ROA 资产利润率	（2）SGsticky 销管费用粘性	（3）ROA 资产利润率
RATE	0.0311***	1.488***	0.0295***
	(5.30)	(5.32)	(5.03)
SGsticky			0.00102***
			(7.16)
SUC_D	-0.0112***	-0.0063	-0.0112***
	(-17.08)	(-0.21)	(-17.11)
SIZE	0.0101***	0.267***	0.0098***
	(22.55)	(12.07)	(21.83)
LEV	-0.148***	0.982***	-0.149***
	(-64.54)	(8.86)	(-64.93)
GSZL	-0.00002	0.0026*	-0.00002
	(-0.82)	(2.17)	(-0.91)

续表

	（1） ROA 资产利润率	（2） SGsticky 销管费用粘性	（3） ROA 资产利润率
FCF	0.0832 ***	0.671 ***	0.0824 ***
	(22.35)	(3.83)	(22.17)
GROWTH	0.0485 ***	3.212 ***	0.0453 ***
	(46.02)	(64.92)	(39.44)
YYSJ	0.0012 ***	0.0168	0.0012 ***
	(5.23)	(1.53)	(5.16)
GDP	－ 0.0002	－ 0.0047	－ 0.0002
	（－1.79）	（－0.80）	（－1.75）
STATE	0.0063 ***	－ 0.402 ***	0.0067 ***
	(5.83)	（－7.44）	(6.21)
R^2	0.2537	0.1964	0.2566
截距项	－ 0.241 ***	－ 5.343 ***	－ 0.235 ***
	（－8.28）	（－3.88）	（－8.09）
行业	已控制	已控制	已控制
年份	已控制	已控制	已控制
地区	已控制	已控制	已控制
N	22049	22049	22049

注：①括号内为 t 值；②*、**、***分别表示在10%、5%、1%水平下显著。

实证结果显示，中介效应检验结果依然显著，说明中介效应检验是可靠的。

从上述三个稳健性检验的实证结果可知，销管费用粘性在企业所得税税率和经营绩效之间的中介效应检验，具有较强的稳健性和可靠性。

5.2.7　小节研究结论与启示

5.2.7.1　研究结论

结合我国企业所得税改革的背景，选用2002～2012年沪深 A 股上市公司数据，结合税收的收入效应和替代效应分析及税收遵从理论等，构建企业所得税税率和企业绩效相关性实证模型，并构建成本粘性中介效应的理论假设和实证模型，对税率水平影响企业绩效的效果和中介作用路径进行分析、检验和解释。研究结果表明：①企业所得税名义税率是影响企业绩效的重要因素，企业面临的企业所得税税率越高，总资产利润率和权益净利率越高。但是，企业所得税名义税率变动对经营绩效的影响不显著。②三类成本粘性指标中，只有销管费用粘性，在企业所得税名义税率和企业绩效的相关关系中，发挥了中介效应①。其中，企业所得税名义税率与总资产收益率的主效应检验中，两者的相关系数为 0.0174*，直接效应检验相关系数为 0.0244***，中介效应检验发现，企业所得税税率与销管费用粘性水平的相关系数为 2.1390***，在 1% 水平上显著，说明公司面临的企业所得税税率越高，企业销管费用粘性水平越低，税收遵从理论的早期结论得到证实。同时，销管费用粘性作为中介变量，对企业绩效的作用系数为 0.0004*，即销管费用粘性水平越高，企业的经营绩效越差。综上逻辑梳理可知，当公司面临较高的企业所得税税率时，由于高税抑制了企业的销管费用粘性，从而提升了公司的经营绩效。③稳健检验研究发现，当公司面临的企业所得税税率越高时，企业产生的销管费用金额越少，这与当前部分关于绩效考核压力研究的观点一致。即当企业面临较高的税率时，由于刚性税负压力增大，股东剩余收益降低，从而激发股东对管理者的利润创造压力，导致管理者为了迎合股东的利润预期，而削减个人自利行为，或者压缩各类销管费用开支，销管费用中冗余资源消耗降低，资源的利用效率大大提升，降低了企业的销管费用粘性，提升了企业资源利用效率，有益于企业经营业绩的改善和提升。

5.2.7.2 政策建议

（1）针对政府的政策性建议。企业所得税名义税率和经营绩效之间的正相关关系表明，降低企业所得税税率，并不必然有利于企业的经营活力改善。虽然在全球范围内，各国都根据减税降费提活力的逻辑，认为减税降费既是吸引投资的重要举措，也是帮助我国部分企业渡过经济结构转型时期困难的有益良方。但

---

① 虽然在前述章节中研究发现，税率调节（ΔRATE）会影响成本粘性，但由于中介效应检验需要以自变量对因变量作用显著为前提，且税率调节（ΔRATE）对企业绩效的相关作用不显著，所以，本节内容重点检验成本粘性在企业所得税税率和经营绩效相关性问题上的中介效应。

从激发企业内部经营活力的角度，采用结构性减税措施可能更有利于企业的长远发展。即针对资金约束较强的新兴产业采用减税措施，在减轻企业负担的同时激发企业的创新动力；但是，对资金约束较轻或者转型压力较低的行业，可保持当前企业所得税名义税率，而不是提供全面的税收优惠方案。

（2）针对企业的建议。研究结论表明，在既定企业所得税名义税率下，良好的税收遵从有利于激发管理者潜能，降低避税引发的代理问题。因此，在企业管理中，面对高税率时，不建议进行激进的纳税筹划，而应从激发管理团队潜能、优化成本配置资源的角度，提高管理效率和资源利用效率，最终激发企业经营活力。当企业面对较低税率时，由于税负较少的缘故，股东剩余收益期望相对容易实现。由此，可能引发管理者或者大股东的代理问题。因此，强化公司治理水平、增强资源配置效率意识等，对企业绩效改善是非常必要的。

6 研究结论与启示

6.1 主要研究结论

6.1.1 基于企业所得税改革的企业避税与资源配置情况

（1）1994～2017 年，我国企业所得税税率进行了多次调整，其中，在2002～2007 年名义所得税税率均值最高，达到 23.85%，1994～2001 年税率均值为 16.38%，2008 年执行新的企业所得税法后的名义税率均值稳定在 18%～19%。伴随着我国企业所得税税率和抵扣项目以及优惠政策的调整，税收征管程度也有所调节，具体表现为：各地区税收征管强度经历了由高到低、再由低到高的转变过程，尤其是自 2008 年开始，各地区税收征管强度逐渐提升的趋势非常明显。综合来看，在企业所得税改革方面，自 1994 年以来，企业所得税名义税率和税收征管程度呈"此消彼长"的状态。

（2）结合企业所得税改革，我国上市公司在避税活动和成本资源配置方面也有明显的变化趋势。

首先，在避税活动方面，在 2002～2007 年和 2013～2017 年两个时间段内，我国上市公司的避税程度表现较高，名义税率和实际税率的差值（CHRATE）分别是3.91%和3.25%，在1994～2001年和2008～2012年的避税程度较低，名义税率和实际税率的差值（CHRATE）分别是1.56%和2.18%。

其次，在成本资源配置中，针对2002～2017年上市公司的成本结构和成本收入占比进行分析发现，受到企业所得税改革在营销费用和员工薪酬方面可抵扣政策变化的影响，在2002～2007年、2008～2012年、2013～2017年三个不同期间内，营业费用和员工薪酬在总成本结构中的占比逐渐攀升，营业费用在总成本结构中的占比均值依次为6.22%、6.96%和8.01%；员工薪酬在总成本结构中的占比均值依次为8.78%、11.40%、14.36%；营业成本在总成本中的占比均值依次为77.61%、77.41%和74.96%，呈逐渐下降趋势；管理费用在总成本中的占比均值依次为11%、11.4%和11.68%，略有提升。但与此同时，员工薪酬在营业收入中的占比均值依次为29.03%、20.50%、14.26%，表现为逐渐降低；营业成本在营业收入中的占比均值依次为76.25%、73.20%和70.96%，明显具有下降趋势；而营业费用在营业收入中的占比均值依次为6.28%、6.98%和8.01%，表现出逐步攀升的趋势。说明随着企业所得税改革对员工薪酬、营销广告费等项目可抵扣比例的逐步放松，企业利用人工、营销创造收入的积极性不断提高，表现为人工费的不断提高以及营销广告投入的不断增多，同时，数据也表明营业成本在总投入和总产出中的占比都在逐步下降。

对比2002～2007年和2008～2012年两个阶段企业所得税名义税率、税收征管、避税程度和成本结构等发现，企业所得税改革对企业的成本管理产生了重大影响。上市公司避税活动减少，同时成本结构中各类成本占比和收入占比都与税收调节预期类似，以税收为调节手段的财政政策发挥了市场经济宏观调节作用。

6.1.2　企业所得税名义税率调整与成本粘性相关性研究结论

2002～2012年，我国上市公司面临的企业所得税税率普遍有所降低，并且各类成本粘性均值都大于0，成本粘性水平较低。说明国家减税措施确实大面积广范围地降低了企业的税收负担，而且企业的成本管理效率水平整体较高，成本资源配置的灵活性较好。具体到企业所得税税率调整与成本粘性相关性研究方面：

（1）税率调整与总成本粘性的相关系数为 0.316***，在 1% 水平上显著为正；税率调整与销管费用粘性的相关系数为 0.518**，在 5% 水平上显著为正，说明提高税率将显著地抑制销管费用粘性和总成本粘性水平，符合税收条件下现金流约束理论和预期投资收益理论的解释逻辑，即上调税率通过强制提高对企业利润的分享比例，降低了企业可自由支配现金流，约束了企业的代理问题；且高税率降低了企业新增投资的预期收益率，对企业规模扩张具有抑制作用，从而降低了成本结构中固定成本的比例，导致企业的成本粘性水平有所下降。

（2）将样本按照企业性质进行区分后研究发现，当国有企业所得税税率高于 15% 时，上调税率会显著地抑制企业的总成本粘性和营业成本粘性，相关系数分别是 0.496** 和 0.605**；非国有企业的总成本粘性、销管费用粘性和销售费用粘性对税率调整也比较敏感，它们的相关系数依次为 0.347*、0.649* 和 1.312***，说明税率上调后，非国有企业的上述三类成本粘性水平都会降低，尤其当非国有企业所得税税率低于 15% 时，上调税率会导致企业各类成本粘性水平显著降低。这一结论说明，相对于国有企业而言，非国有企业对税率的敏感性更高。

（3）在税率影响成本粘性的作用路径检验中，在职消费的部分中介效应在税率和销管费用粘性的相关关系中得到验证，即在职消费越高，企业销管费用粘性越大，上调税率可以抑制企业在职消费程度，从而发挥降低销管费用粘性水平的作用。此外，非效率投资的中介效应未得到数据支持。该研究发现进一步说明，在税率调整和成本粘性相关关系中，基于投资预期收益的税收影响投资的理论解释能力较差，而基于税收条件下的现金流约束理论更具有解释性。

6.1.3 成本粘性与企业绩效相关性研究结论

2002～2012 年，我国上市公司总资产利润率（ROA）均值为 5%，且中值数据为 4%，最大值为 24%，表明具有优秀经营绩效的公司数量不足样本总量的一半，总体上样本公司创造利润的空间和能力有待提升。对成本粘性和企业绩效相关性进行理论分析和实证研究发现：

（1）成本粘性水平与企业绩效存在负相关关系，总成本粘性、营业成本粘性和销管费用粘性与企业绩效（ROA）的相关系数依次为 0.0229***、0.0138***、0.00101***，即成本粘性水平越高，企业绩效越低。

（2）根据成本粘性的特性区分成本粘性和成本反粘性后，区分样本分析发现：①在成本粘性样本组，总成本粘性、营业成本粘性和销管费用粘性与企业绩效（ROA）的相关系数依次为 0.0177***、0.0144***、0.00255；②在成本反粘性样本组中，即成本粘性水平系数为正数时，总成本粘性、营业成本粘性和销管费用粘性与企业绩效（ROA）的相关系数依次为 0.0219***、0.0108***、0.00098***。该结论说明，成本粘性所代表的冗余资源配置不利于企业绩效的改善，能够导致更多企业冗余资源配置的条件都可能会通过成本粘性影响公司的经营利润。

6.1.4　企业所得税改革影响公司经营绩效的研究结论

理论分析和实证研究企业所得税改革中名义税率其对公司经营绩效的影响发现：

（1）企业所得税税率是影响企业绩效的重要因素，以 2002 – 2012 年样本数据进行实证分析发现，税率与总资产利润率（ROA）、权益净利率（ROA1）的相关系数为 0.0174*、0.0387*，均在 10% 水平上显著，说明企业面临的所得税税率越高，总资产利润率和权益净利率越高；但企业所得税税率变动额对经营绩效的影响不显著。

（2）基于成本粘性中介效应的企业所得税税率与公司经营绩效相关性研究发现，销管费用粘性在企业所得税税率和企业绩效相关关系中发挥了中介效应①。

---

①　虽然在前述章节中研究发现，税率调节（ΔRATE）会影响成本粘性，但由于中介效应检验需要以自变量对因变量作用显著为前提，且税率调节（ΔRATE）对企业绩效的相关作用不显著，所以，本节内容重点检验成本粘性在企业所得税税率和经营绩效相关性问题上的中介效应。

其中，企业所得税税率与总资产收益率（ROA）的主效应检验相关系数为 0.0174*，直接效应检验相关系数为 0.0244***；企业所得税税率与销管费用粘性水平的相关系数为 2.1390***，销管费用粘性对企业绩效的作用系数为 0.0004*。该研究发现说明，当公司面临的所得税税率越高时，企业销管费用粘性水平越低，且销管费用粘性水平越低，越有利于改善企业经营绩效。另外，总成本粘性和营业成本粘性的中介效应检验不显著。

此外，未报告的有关税收征管强度对企业绩效的影响研究结果表明，税收征管对企业绩效的作用不显著。

虽然在前述章节中研究发现，税率调节（ΔRATE）会影响成本粘性，但由于中介效应检验需要以自变量对因变量作用显著为前提，且税率调节（ΔRATE）对企业绩效的相关作用不显著，所以，本节内容重点检验成本粘性在企业所得税税率和经营绩效相关性问题上的中介效应。

综上，全书依次进行了三个方面的数据分析和实证研究：①对企业所得税改革影响成本管理的效果进行直接评估，研究发现，企业所得税改革对企业资源配置具有明显的引导效应，并在企业的成本结构中有直接的体现。②研究企业所得税改革中，税率调整对企业成本粘性的影响。由于税收会通过现金缴费方式对企业利润的强制分享，会加强企业的自由现金流约束，进而会通过抑制企业代理问题，最终对总成本粘性和销管费用粘性产生抑制作用。③研究成本粘性和企业所得税改革对企业绩效的作用效果。成本粘性往往意味着存在"冗余"资源，导致资源配置效率降低，会降低企业绩效。越高的企业所得税名义税率会通过增强现金流约束而降低"冗余"资源问题，从而改善企业绩效，并且销管费用粘性在税率水平和企业绩效之间的中介效应是显著的。

6.2 研究启示与政策建议

6.2.1 对企业管理的启示与建议

（1）坚持增强企业成本管理效率，为企业绩效提升提供空间。根据研究结论，成本粘性不利于企业绩效改善。一般来说，企业的成本粘性水平越高，意味着成本结构中存在越多的"冗余"资源，资源利用效率不高，从而导致企业绩效越差。因此，向企业内部管理要效益的做法值得提倡。企业成本管理不仅需要从成本结构角度，依托我国大力提倡管理会计的背景，从"资本、劳动和科技要素的资源组合""资源配置结构"等角度，整合企业内部资源，提升资源利用效率；同时，还需要从成本可调整的灵活性和机动性角度，注重提升成本粘性水平管理，结合企业的发展策略，将静态成本结构管理和动态成本粘性管理相结合，并据此分析和挖掘成本管理效率空间，从而将成本管理发展成为提升企业绩效的重要且不可或缺的渠道。

（2）强化公司治理机制建设，规避各类税收优惠措施下，可能发生的资源低效利用问题。根据研究结论，企业所得税税收改革对企业成本管理效率的作用效果和途径有所差异，需要针对企业享受的税收优惠形式进行差异化预防和管理。①降低企业所得税名义税率后，由于企业自由现金流约束减轻，管理者在职消费等行为会强化企业的成本粘性水平，并进而降低企业绩效。当前，我国正在大力促进经济结构转型、缓解企业现金流压力、加速企业走出经济发展低谷的相关工作，在此背景下实施全面减税降费政策，企业作为直接的受益者，首先表现为税负现金支付水平的降低，这将显著地改善一些企业的现金流约束问题。但鉴于本书研究结论的启示意义，这类企业需要警惕自由现金流约束减缓，或者自由现金流充裕下滋生的代理行为，以及由代理行为引发的"冗余"资源低效率配置问题。②企业基于税收抵扣项目（如企业所得税下的研发项目投资、增值税下的新增固定资产进项税抵扣等）的过度避税行为也是不可取的。因为，这一避税动机，将会诱发职业经理人的在职消费和过度投资等代理问题，并且过度的基于税收抵扣项的投资行为，可能会导致资源闲置或者利用不充分现象，这都将致使企业资源配置效率下降，不利于企业绩效提升。

因此，在全面减税降费局面下，企业管理者需要根据自由现金流的充裕程度进行有效监督和控制，既要通过改善公司治理机制，约束自由现金流诱发的代理问题，也要针对避税型可抵扣项目的投资，进行持续的资源效率监督与考核，充分提高资源的利用效率。即通过"节流开源"的方式，完善公司治理机制、约束公司代理问题、降低企业资源浪费的同时，注重为企业培育长期利润增长源泉，从而为企业可持续的利润增长提供保障，实现我国减税降费政策的预期目标。

6.2.2 对税收征缴与监管部门的启示与政策建议

当前，基于我国各类税目税率调整以及减税降费政策实施情况，国家财政部和税务局多次发布统计结果和公告，例如，"今年前10个月，全国实现减税降费19688.94亿元，其中减税16473.26亿元，降低社保费3215.68亿元（曾金华，2019）""今年两会记者会上，李克强总理承诺，全年为企业减税降费力争达到1万亿元"①，等等。但税收政策作为一种运用经济手段解决企业经济活力，并最终实现市场经济目标的调控性财政政策，不仅需要从财政角度，测度国家财政减免税负的情况报告，还需要关注并测量减税降费政策实施以后的经济效应，即减税降费政策下企业成本变动情况，以及基于成本调节的企业绩效改善程度等。

全文研究结论表明，减税降费对降低企业成本、改善企业绩效的作用机制并非简单的线性逻辑关系，即"减税降费→企业成本下降→企业绩效提升"。也就是说，并不是国家实施了减税降费措施，企业的成本就一定会下降，企业的绩效

---

① 国务院部署的减税降费1万亿将如何影响你我生活？［N］．中国政府网，2017 – 08 – 07.

就一定能改善。从理论上来讲，若要实现线性的"减税降费提活力"的经济调控目标，至少需要满足两个前提假设：一是企业名义纳税税率等于扣除税收优惠后的实际税率，名义税率的下降即意味着实际税率的下降；二是税收纯粹是企业的税收成本，其变动不会影响企业资源配置的重组和相关决策。但从现有相关文献的研究发现来看，上述两个前提假设都不成立。第一个假设不成立的原因在于，企业普遍实施的避税策略，包括合理的纳税筹划和非法的避税措施；第二个假设不成立的根本原因在于，我国采取的税收调控，恰好是期望通过税收政策引导企业内部资源再配置，以实现供给侧结构性改革目标。所以，作为税收管理和政策推进部门，在根据宏观经济调控导向制定政策时，针对第二个假设，需要充分考虑和利用减税降费对企业经营活力的非线性逻辑；同时，也需要针对第一个假设不断采取措施，强化税收调整政策的线性逻辑实施效果。

根据以上思路，结合全书研究结论提供政策建议如下：

（1）针对产业转型需求和企业资金约束特征，实行差异化减税降费政策。企业所得税名义税率和经营绩效之间的正相关关系表明，降低企业所得税税率并不必然有利于企业的经营活力改善。为了实现政策预期目标，需要综合企业的自由现金流情况，实施差异化的税收优惠引导措施。例如，针对转型迫切且资金约束较强的新兴产业和企业，采用降税率和优惠税收抵扣等措施，减轻企业资金压力和成本负担的同时，激发企业的创新性投资动力；但是，对资金约束较轻或者转型压力较低的行业，可保持当前名义所得税税率，可通过税收优惠抵扣方式提供引导性优惠措施，而不是提供全面税收优惠方案。尤其是对于国有企业而言，在公司治理机制实施效率不高的情况下，优惠税收政策下的自由现金流增加，会比非国有企业更容易滋生代理问题，从而降低资源配置和利用效率，不利于企业活力的进一步提升。

（2）强化税收征管，提升企业税收遵从程度。当国家尝试使用税收调节手段影响企业的资源配置决策，引导企业扩张新兴产业投资、增加研发投入等，并以此降低企业现金流约束时，首先需要解决企业的税收遵从问题。因此，在减税降费的大背景下，建议国家税务部门采取更有效的措施，不断增强税收征管强度，增强企业纳税遵从意识和纳税遵从度，从而为发挥减税降费政策的线性逻辑功能提供保障。

（3）利用不同的企业所得税改革措施，影响企业成本管理和企业绩效的差异化效应，并提供差异化的税收调控辅助措施。虽然市场在发挥资源配置过程中占据主要作用，但税收政策作为可利用的宏观调控政策，可以配合不同阶段、不同情况的市场经济目标，出台多元化的政策组合模式，协助完成市场资源配置目标。根据研究可知，税率调整影响企业成本管理的主要路径是自由现金流，而税收征管影响企业成本管理的主要路径是证券市场监督下的企业利润稳定性和成长性。所以，"低税率 + 高征管"组合，会导致企业资源配置中更容易出现代理问题，尤其是在企业具有较强的避税动机下，容易引发成本粘性，不利于企业绩效的改善。对此，从"减税降费提活力"的目标上，建议在后续的税收改革中，税率调整和税收征管调整采用多种组合模式，而不采用"一刀切"的模式。即建议"低税率 + 高征管"模式与"高税率 + 低征管"模式并行使用，甚至可以构建"高税率 + 高征管"模式、"低税率 + 低征管"模式，针对国家鼓励发展、限制发展和维持发展的不同行业和产业实施不同的税收管理模式。例如，在鼓励企业研发投资方面，可执行"低税率 + 高征管"模式，一方面减缓企业研发投资资金约束问题，另一方面减缓市场监督下企业利润提升压力，采用时间换空间的策略；而对于高污染、高消耗且低产能的限制性行业，可采用"高税率 + 高征管"模式，在股东更关注企业利润的压力下，增加企业的现金约束，进而抑制此类企业进行重复性扩张生产，从而发挥政策引导功能，协助市场进行资源再配置。

6.2.3　对上市公司投资者的启示

本书研究表明，成本粘性水平与绩效之间的相关关系为正，表明当企业成本粘性程度逐步提高时，企业的绩效水平会逐步恶化；反之亦然。另外，企业所得税名义税率调整与企业成本粘性的相关关系为负。当企业面临较高的企业所得税税率时，面临的自由现金流约束会有所加强，但企业的成本粘性水平会下降，改善后的资源配置效率能够提升企业绩效；反之，当企业积极享受低税率等税收优惠时，面临的自由现金流约束会有所减弱，但由此滋生的代理问题会提高企业的成本粘性水平，即资源配置效率下降，不利于企业绩效的改善。综合上述研究发现，以及结合现有有关公司治理机制建设的研究成果，建议投资者在考察公司面临的税收问题时，不能单纯地把公司享受税收优惠作为一种利好消息，而是结合税收优惠可能产生的不同后果，以及企业利用公司治理机制遏制不利后果的能力，综合且理性地评判企业的税收优惠和纳税筹划策略，为投资决策提供有价值的参考意见。

6.3 研究不足和未来研究方向

6.3.1 研究不足

本书以我国企业所得税改革对成本管理的影响为主要研究内容，以成本粘性作为企业成本管理的抓手，主要研究了企业所得税税率调整对成本粘性的作用，以及对企业绩效的影响，在理论依据、作用机制和路径选择上有一定的创新，但也存在一些不足。

（1）研究范围方面的不足。我国企业所得税改革的措施包括名义税率调整、可抵扣项目调整和税收征管程度调整，本书主要研究了企业所得税名义税率这种改革措施对成本管理和企业绩效的影响，对于税收抵扣项目、税收征管程度对企业成本管理和经营绩效的影响未开展深入研究。一方面是由于税收可抵扣项目的改革调整涉及项目较多，全面加以研究具有一定的困难性；另一方面是因为税收征管强度不仅受到企业所得税改革的影响，还与其他税种改革相关，暂未将其纳入当前研究中。但从内容完整性来讲，将更多的可抵扣税收项目以及税收征管强度对企业成本管理和经营绩效的影响，进行理论分析和实证研究是十分必要的，这也是本书研究的一大不足之处。

（2）在全面减税降费政策下，为了更充分且有针对性地论证企业所得税改革对企业成本管理与经营绩效的作用机制，在样本期间选择方面，本书未能将"营改增"试行和全面实施以来的时期归入样本期间，导致多税目全面减税下，单税种改革的经济效应评估具有一定的局限性。

6.3.2 未来研究方向

目前，我国正全面推广减税降费政策，并且针对特殊时期、特殊行业以及特殊企业的不同情况，期望减税降费政策能对经济发展发挥积极作用。在这一背景下，评估减税降费政策实施效果的迫切性、重要性不言而喻。总体上来说，我们应至少需要从经济效应、分配效应和财政效应三个维度全面评价减税降费政策，其中经济效应评估强调，评价减税降费政策对经济增长和驱动要素的影响（郭庆旺，2019）。本书研究归属于减税降费的经济效应研究范畴，且减税降费的经济效应本身就是一个比较新且比较庞大的课题，从财务视角，未来值得研究的主要方向和重要问题可能包括：

（1）多元化减税降费措施的经济效应研究，包括"营改增"、社会保险费率调整等。在减税降费的税费种类中，除了企业所得税这一税目外，其他的"营改增"、社会保险费率调整等政策措施对企业成本管理是否能够发挥线性逻辑下的降成本效果呢？若不是按照线性逻辑发挥效果，那么其作用机制和作用路径是什么？应该采取什么样的措施才能够保障减税降费的降成本、提活力经济效应能够实现呢？

（2）减税降费后有关公司财务决策的研究，包括投资决策、资本结构决策和公司治理机制建设等。首先，企业所得税税率优惠会通过降低自由现金流约束改变企业成本结构，那么，在企业自有现金流约束变更下，企业的投资决策是否会受到更多税收因素的影响？例如，在更具有税收优势的低税率地区，企业是否会增资扩张？在执行投资决策中，当地政府是否会提供相应的金融政策支持？这些行为是否会影响企业的融资渠道选择，并导致企业资本结构发生变化呢？此外，基于减税降费政策下自由现金流松弛导致的代理问题，企业是否会进一步完善公司治理机制建设，以保障资源配置效率呢？

（3）成本粘性视角下减税降费对企业利益相关者的经济效应研究，包括证券分析师、审计师、机构投资者、供应商等。企业所得税改革对成本管理和企业绩效的影响表明，减税降费会通过资源配置调整影响企业绩效，并导致企业的盈余管理、在职消费和避税管理等行为发生调整，这些会通过预期利润估计准确性、审计风险、股票价格和企业自由现金流充裕性等方面，或多或少地影响企业的利益相关者。那么，这种作用程度如何计量？从减税降费后企业成本管理效率的角度，公司利益相关者能否对公司的未来发展形成一定的判断呢？这是一个值得进一步研究的议题。

参考文献

一、中文文献

［1］2008 年税收收入增长的结构性分析［J］. 中国财政, 2009（6）: 38 – 43.

［2］步丹璐, 文彩虹, Rajiv Banker. 成本粘性和盈余稳健性的衡量［J］. 会计研究, 2016（1）: 31 – 37, 95.

［3］蔡红英. 供给学派关于减税政策的争论及其评价［J］. 税务研究, 2016（9）: 62 – 67.

［4］蔡宏标, 饶品贵. 机构投资者、税收征管与企业避税［J］. 会计研究, 2015（10）: 59 – 65, 97.

［5］蔡蕾, 李心合. 税率调整、公司避税与管理层在职消费［J］. 财经科学, 2016（10）: 68 – 80.

［6］蔡蕾, 苏文兵, 李心合. 税率调整、公司避税与企业价值的关系研究——基于 2008 年企业所得税改革的经验证据［J］. 当代财经, 2017（6）: 120 – 132.

［7］曹书军, 刘星, 张婉君. 财政分权、地方政府竞争与上市公司实际税负［J］. 世界经济, 2009（4）: 69 – 83.

［8］曹越, 易冰心, 胡新玉, 张卓然. "营改增"是否降低了所得税税负——来自中国上市公司的证据［J］. 审计与经济研究, 2017, 32（1）: 90 – 103.

［9］曾亚敏，张俊生．税收征管能够发挥公司治理功用吗？［J］．管理世界，2009（3）：143－151，158．

［10］陈德球，陈运森，董志勇．政策不确定性、税收征管强度与企业税收规避［J］．管理世界，2016（5）：151－163．

［11］陈共．财政学（第9版）［M］．北京：中国人民大学出版社．2017．

［12］陈晓光．增值税有效税率差异与效率损失——兼议对"营改增"的启示［J］．中国社会科学，2013（8）：67－84，205－206．

［13］陈宗胜．四个方面解析：供给侧改革与供给学派区别［N］．天津日报，2017－02－13．

［14］陈作华．关联交易与公司避税——来自中国上市公司的经验数据［J］．证券市场导报，2017（5）：21－31．

［15］程小可，李浩举，郑立东．税收规避能够提升企业价值吗？——基于货币政策视角的研究［J］．审计与经济研究，2016，31（3）：63－72．

［16］崔学刚，徐金亮．境外上市、绑定机制与公司费用粘性［J］．会计研究，2013（12）：33－39，96．

［17］戴德明，王小鹏，所得税、自由现金流与过度投资——来自中国2008年A股上市公司的经验证据［J］．财贸研究，2011（1）：119－126．

［18］窦欢，陆正飞．大股东代理问题与上市公司的盈余持续性［J］．会计研究，2017（5）：32－39．

［19］窦欢，张会丽，陆正飞．企业集团、大股东监督与过度投资［J］．管理世界，2014（7）：134－143，171

［20］杜剑，于芝麦．上市公司并购交易中的成本粘性和价值创造［J］．现代财经（天津财经大学学报），2018，38（9）：61－76．

［21］范子英，田彬彬．税收竞争、税收执法与企业避税［J］．经济研究，2013，48（9）：99－111．

［22］付佳．税收规避、商业信用融资和企业绩效［J］．山西财经大学学报，2017（2）：87－98．

［23］高帆，汪亚楠．中国民营企业慈善捐赠的避税效应和融资效应［J］．学术研究，2015（7）：79－87，160．

［24］戈飞平．成本管理观念的更新与成本控制新思路［J］．上海会计，1999（5）．

［25］葛尧．成本粘性对企业绩效的影响研究——来自我国上市公司的经验证据［J］．价格理论与实践，2017（6）：105－109．

［26］郭杰，李涛．中国地方政府间税收竞争研究——基于中国省级面板数据的经验证据［J］．管理世界，2009（11）：54－64，73．

［27］郭庆旺．减税降费的潜在财政影响与风险防范［J］．管理世界，2019，35（6）：1－10，194．

［28］国税地税机构合并改革需统筹协调处理好四大税收关系［EB/OL］．澎湃新闻，http：//www. sohu. com/a/257132916_260616，2018－09－30．

［29］国务院部署的减税降费1万亿将如何影响你我生活？［EB/OL］．中国政府网，2017－08－07．

［30］韩岚岚，马元驹．内部控制对费用粘性影响机理研究——基于管理者自利行为的中介效应［J］．经济与管理研究，2017，38（1）：131－144．

［31］韩晓梅，龚启辉，吴联生．薪酬抵税与企业薪酬安排［J］．经济研究，2016，51（10）：140－154．

［32］何骏，张祥建．公司治理前沿研究综述——大股东控制、隧道行为、隐性收益与投资者保护［J］．经济管理，2008（Z3）：165－171．

［33］侯晓红，魏文静．交叉上市、机构投资者异质性与费用粘性［J］．现代财经（天津财经大学学报），2016，36（8）：45－55．

［34］胡华夏，洪荭，李真真，肖露璐．成本粘性刺激了公司研发创新投入吗？［J］．科学学研究，2017（4）：633－640．

［35］胡阳，黄礼丹，孙健慧．注册在"避税天堂"的公司确实能避税吗？——基于中国海外上市公司的实证研究［J］．审计与理论研究．2018（5）：67－77．

［36］江伟，底璐璐，姚文韬. 客户集中度与企业成本粘性——来自中国制造业上市公司的经验证据［J］. 金融研究，2017（9）：192 – 206.

［37］江伟，胡玉明，曾业勤. 融资约束与企业成本粘性——基于我国工业企业的经验证据［J］. 金融研究，2015（10）：133 – 147.

［38］江伟，胡玉明，吕喆. 应计盈余管理影响企业的成本粘性吗？［J］. 南开管理评论，2015（2）：83 – 91.

［39］江伟，胡玉明. 企业成本费用粘性：文献回顾与展望［J］. 会计研究，2011（9）：74 – 79.

［40］江伟，姚文韬，胡玉明.《最低工资规定》的实施与企业成本粘性［J］. 会计研究，2016（10）：56 – 62，97.

［41］江伟，姚文韬. 所有权性质、高管任期与企业成本粘性［J］. 山西财经大学学报，2015，37（4）：45 – 56.

［42］江轩宇. 税收征管、税收激进与股价崩盘风险［J］. 南开管理评论，2013，16（5）：152 – 160.

［43］孔玉生，朱乃平，孔庆根. 成本粘性研究：来自中国上市公司的经验证据［J］. 会计研究，2007（11）：58 – 65，96.

［44］李彬，李海霞，唐萍. 税收征管、税收激进与盈余管理［J］. 统计与信息论坛，2018，33（12）：54 – 63.

［45］李彬，郑雯，马晨. 税收征管对企业研发投入的影响——抑制还是激励？［J］. 经济管理，2017，39（4）：20 – 36.

［46］李秉成，江婉滢，尹行. 宏观经济波动、管理者预期与企业成本费用粘性研究［J］. 武汉科技大学学报（社会科学版），2016，18（5）：526 – 533.

［47］李浩研，崔景华. 税收优惠和直接补贴的协调模式对创新的驱动效应［J］. 税务研究，2014（3）：85 – 89.

［48］李建军. 税收征管效率与实际税率关系的实证研究———兼论我国"税收痛苦指数"降低的有效途径［J］. 当代财经，2013（4）：37 – 47.

［49］李粮，宋振康. 经理人自利动机对费用粘性的影响研究［J］. 山西财

经大学学报，2013，35（12）：93－103.

［50］李粮，赵息.公司高管乐观预期对费用粘性的影响研究［J］.北京理工大学学报（社会科学版），2013，15（06）：64－69，76.

［51］李粮，赵息.我国上市公司经理人动机对费用粘性影响研究［J］.天津大学学报（社会科学版），2013，15（6）：512－518.

［52］李林木.税收遵从的理论分析与政策选择［M］.北京：中国税务出版社，2005.

［53］李明，李德刚，冯强.中国减税的经济效应评估——基于所得税分享改革"准自然试验"［J］.经济研究，2018，53（7）：121－135.

［54］李万福，林斌，宋璐.内部控制在公司投资中的角色：效率促进还是抑制？［J］.管理世界.2011（2）：81－99，188.

［55］李维安，李浩波，李慧聪.创新激励还是税盾？——高新技术企业税收优惠研究［J］.科研管理，2016，37（11）：61－70.

［56］李漾.当前税收征管的问题与对策研究［D］.中南大学硕士学位论文，2011.

［57］李元旭，吉祥熙.控股股东控制权与现金流权两权偏离——基于第二类代理问题视角的研究综述［J］.技术经济，2017，36（7）：128－133.

［58］李增福，徐媛.税率调整对我国上市公司实际税收负担的影响［J］.经济科学，2010（3）：27－38.

［59］李增泉.激励机制与企业绩效——项基于上市公司的实证研究［J］.会计研究.2000（1）：24－30.

［60］梁上坤.EVA考核实施与中央企业上市公司的成本粘性［J］.经济学报，2016（1）：106－130.

［61］梁上坤.管理者过度自信、债务约束与成本粘性［J］.南开管理评论，2015，18（3）：122－131.

［62］梁上坤.机构投资者持股会影响公司费用粘性吗？［J］.管理世界，2018，34（12）：133－148.

［63］梁上坤. 媒体关注、信息环境与公司费用粘性［J］. 中国工业经济，2017（2）：154 - 173.

［64］廖歆欣，刘运国. 企业避税、信息不对称与管理层在职消费［J］. 南开管理评论，2016，19（2）：87 - 99.

［65］刘嫦，李丽丹，郭颖颖. 市场化进程、企业冗员与费用粘性［J］. 企业经济，2017（9）：51 - 57.

［66］刘嫦，杨兴全，李立新. 绩效考核、管理者过度自信与成本费用粘性［J］. 商业经济与管理，2014（3）：78 - 87.

［67］刘行，吕长江. 企业避税的战略效应——基于避税对企业产品市场绩效的影响研究［J］. 金融研究，2018（7）：158 - 173.

［68］刘行，叶康涛，陆正飞. 加速折旧政策与企业投资——基于"准自然实验"的经验证据［J］. 经济学（季刊），2019，18（1）：213 - 234.

［69］刘行，叶康涛. 企业的避税活动会影响投资效率吗？［J］. 会计研究，2013（6）：47 - 53，96.

［70］刘华，阳尧，刘芳. 税收遵从理论研究评述［J］. 经济学动态，2009（8）：116 - 120.

［71］刘慧凤，曹睿. 企业所得税制度改革对投资的激励效果——基于上市公司数据的实证检验［J］. 税务与经济，2011（3）：88 - 95.

［72］刘啟仁，赵灿，黄建忠. 税收优惠、供给侧改革与企业投资［J］. 管理世界，2019，35（1）：78 - 96，114.

［73］刘媛媛，刘斌. 劳动保护、成本粘性与企业应对［J］. 经济研究，2014，49（5）：63 - 76.

［74］路军. 税率调整、产权安排与实际税负差异——基于两税合并的经验证据［J］. 南方经济，2012（2）：62 - 80.

［75］吕伟，陈丽花，隋鑫. 避税行为干扰了市场对信息的理解吗［J］. 山西财经大学学报，2011，33（10）：13 - 20.

［76］吕伟，李明辉. 高管激励、监管风险与公司税负——基于制造业上市

公司的实证研究［J］．山西财经大学学报，2012，34（5）：71－78．

［77］吕长江，张海平．股权激励计划对公司投资行为的影响［J］．管理世界．2011（11）：118－126．

［78］马文超，吴君民．货币政策变更、费用粘性与企业债务融资［J］．山西财经大学学报，2012，34（6）：105－113．

［79］毛程连，吉黎．税率对外资企业逃避税行为影响的研究［J］．世界经济，2014（6）：73－89．

［80］牟伟明．自由现金流、董事会治理与费用粘性研究［J］．经济与管理研究，2018，39（5）：103－113．

［81］穆林娟，张妍，刘海霞．管理者行为、公司治理与费用粘性分析［J］．北京工商大学学报（社会科学版），2013，28（1）：75－81．

［82］倪红日，谭敦阳．税制改革30年进程、经验与展望［J］．税务研究，2008（10）：16－20．

［83］秦兴俊，李粮．公司治理对经理人自利动机与费用粘性的影响研究［J］．当代财经，2014（2）：115－128．

［84］卿小权，高升好．股权再融资宣告效应研究：投资者异质信念视角［J］．山西财经大学学报，2014，36（12）：47－58．

［85］曲顺兰，武嘉盟．慈善捐赠企业所得税政策效果评价［J］．税务研究，2017（3）：31－37．

［86］让减税降费来得更猛烈些［N］，第一财经日报，2014－10－09．

［87］任建林．我国钢铁行业的资本结构与投资决策：供给侧改革视角［D］．厦门大学硕士学位论文，2018．

［88］石善冲，林亚囡，皮晞正．税收激进对成本粘性的影响研究——基于管理者自利视角的分析［J］．价格理论与实践，2017（11）：138－141．

［89］宋常，杨华领，李沁洋．审计师行业专长与企业费用粘性［J］．审计研究，2016（6）：72－79．

［90］孙维章，王灿，干胜道．高管薪酬激励与费用粘性克服——基于"薪酬

差距"和"薪酬溢价"视角的实证检验［J］．经济经纬，2016，33（3）：96 -101.

　　［91］孙铮，刘浩．中国上市公司费用"粘性"行为研究［J］．经济研究，2004（12）：26 - 34，84.

　　［92］谭光荣，曹燕萍，唐明．税收学［M］．北京：清华大学出版社，2013.

　　［93］万寿义，田园．第一大股东控制权、大股东制衡与费用粘性差异［J］．财贸研究，2017，28（2）：100 - 110.

　　［94］汪冲，江笑云．研发税收激励、企业资格认定与减免可持续性［J］．经济研究，2018，53（11）：65 - 80.

　　［95］汪猛，徐经长．企业避税、通货膨胀预期与经营业绩［J］．会计研究，2016（5）：40 - 47，95.

　　［96］王静，郝东洋，张天西．税收规避、公司治理与管理者机会主义行为［J］．山西财经大学学报，2014，36（3）：77 - 89.

　　［97］王亮亮，王娜．税制改革、工资跨期转移与公司价值［J］．管理世界，2015（11）：145 - 160，188.

　　［98］王亮亮，王跃堂．工资税盾、替代效应与资本结构［J］．金融研究，2016（7）：113 - 133.

　　［99］王亮亮．金融危机冲击、融资约束与公司避税［J］．南开管理评论，2016（1）：155 - 168.

　　［100］王亮亮．控股股东"掏空"与"支持"：企业所得税的影响［J］．金融研究，2018（2）：172 - 189.

　　［101］王陆进．论逆向避税［J］．财经问题研究，1993（3）：47 - 50.

　　［102］王明虎，席彦群．产权治理、自由现金流量和企业费用粘性［J］．商业经济与管理，2011（9）：68 - 73，89.

　　［103］王娜，王跃堂，王亮亮．企业所得税影响公司薪酬政策吗？——基于企业所得税改革的经验研究［J］．会计研究，2013（5）：35 - 42，95.

［104］王雄元，欧阳才越，史震阳．股权质押、控制权转移风险与税收规避［J］．经济研究，2018，53（1）：138－152.

［105］王雄元，史震阳，何捷．企业工薪所得税筹划与职工薪酬激励效应［J］．管理世界，2016（7）：137－153，171.

［106］王跃堂，王亮亮，贡彩萍．所得税改革、盈余管理及其经济后果［J］．经济研究，2009，44（3）：86－98.

［107］韦巍，罗宏等．浅谈网络信息化的我国税收征管模式［J］．沿海企业与科技，2008（2）：72－73，71.

［108］温铁军等．八次危机：中国的真实经验——1949—2009［M］．上海：东方出版社，2013.

［109］温忠麟，刘云红，侯杰泰．调节效应和中介效应分析［M］，北京：教育科学出版社，2012.

［110］温忠麟，叶宝娟．中介效应分析：方法和模型发展［J］．心理科学进展，2014（5）：731－745.

［111］温忠麟，张雷，侯杰泰，刘红云．中介效应检验程序及其应用［J］．心理学报，2004（5）：614－620.

［112］吴联生，李辰．"先征后返"、公司税负与税收政策的有效性［J］．中国社会科学，2007（4）：61－73，205.

［113］吴思，陈震．交叉上市、股权制衡与企业成本粘性［J］．当代财经，2018（2）：124－133.

［114］吴先聪，张健，胡志颖．机构投资者特征、终极控制人性质与大股东掏空——基于关联交易视角的研究［J］．外国经济与管理，2016（6）：3－20.

［115］吴应宇，蔡佳丽．成本粘性对会计稳健性的影响——基于盈余反应非对称视角［J］．东南大学学报（哲学社会科学版），2017，19（6）：54－61，147.

［116］吴祖光，万迪昉，吴卫华．税收对企业研发投入的影响：挤出效应与避税激励——来自中国创业板上市公司的经验证据［J］．研究与发展管理，

2013, 25 (5)：1 – 11.

　　[117] 细数：金税三期工程的前世今生 ［EB/OL］，搜狐新闻，http：//www. sohu. com/a/54998069_364411, 2016 – 01 – 18.

　　[118] 谢芳. 成本粘性、分析师预测与市场反应 ［J］. 中国财经政法大学研究生学报, 2013 (4)：90 – 96.

　　[119] 谢获宝, 惠丽丽. 成本粘性、公司治理与高管薪酬业绩敏感性——基于企业风险视角的经验证据 ［J］. 管理评论, 2017, 29 (3)：110 – 125.

　　[120] 谢获宝, 惠丽丽. 代理问题、公司治理与企业成本粘性——来自我国制造业企业的经验证据 ［J］. 管理评论, 2014, 26 (12)：142 – 159.

　　[121] 谢贞发, 范子英. 中国式分税制、中央税收征管权集中与税收竞争 ［J］. 管理世界. 2015 (4)：92 – 106.

　　[122] 辛清泉, 郑国坚, 杨德明. 企业集团、政府控制与投资效率 ［J］. 金融研究, 2007 (10)：123 – 142.

　　[123] 徐晓东, 张天西. 公司治理、自由现金流与非效率投资 ［J］. 财经研究, 2009, 35 (10)：47 – 58.

　　[124] 许年行. 中国上市公司股权分置改革的理论与实证研究 ［M］. 北京：北京大学出版社, 2010.

　　[125] 许评, 申明珠. 所得税政策是否会影响企业慈善捐赠？——基于2011—2015 年 A 股上市公司的实证研究 ［J］. 税务研究, 2017 (2)：124 – 129.

　　[126] 杨得前, 刘仁济. 税式支出、财政补贴的转型升级激励效应——来自大中型工业企业的经验证据 ［J］. 税务研究, 2017 (7)：87 – 93.

　　[127] 杨国超, 刘静, 廉鹏, 芮萌. 减税激励、研发操纵与研发绩效 ［J］. 经济研究, 2017, 52 (8)：110 – 124.

　　[128] 杨华军, 胡奕明. 制度环境与自由现金流的过度投资 ［J］. 管理世界. 2007 (9)：99 – 106, 116, 172.

　　[129] 叶康涛, 刘行. 公司避税活动与内部代理成本 ［J］. 金融研究,

2014（9）：158－176.

［130］叶康涛，刘行．税收征管、所得税成本与盈余管理［J］．管理世界，2011（5）：140－148.

［131］于文超，周雅玲，肖忠意．税务检查、税负水平与企业生产效率——基于世界银行企业调查数据的经验研究［J］．经济科学，2015（2）：70－81.

［132］曾金华．政策力度超预期，有力推动高质量发展——全年减税降费将超2万亿元［N］．经济日报，2019－12－26.

［133］张传奇，孙毅．债务约束、过度投资和成本粘性的关系研究——基于中国制造业上市公司的实证证据［J］．云南财经大学学报，2018，34（2）：69－80.

［134］张功富，宋献中．我国上市公司投资：过度还是不足？——基于沪深工业类上市公司非效率投资的实证度量［J］．会计研究，2009（5）：69－77.

［135］张继德，姜鹏．股权结构、产权性质与高管薪酬粘性——基于我国A股上市公司的实证研究［J］．北京工商大学学报（社会科学版），2016，31（6）：83－91.

［136］张军，韦森，杜莉，范子英，封进，张晏．再谈减税［J］．复旦大学学报（社会科学版）2019（1）：114－128.

［137］张玲，朱婷婷．税收征管、企业避税与企业投资效率［J］．审计与经济研究，2015，30（2）：83－92.

［138］张敏，刘颛，张雯．关联贷款与商业银行的薪酬契约——基于我国商业银行的经验证据［J］．金融研究，2012（5）：108－122.

［139］张明．税收征管与企业全要素生产率——基于中国非上市公司的实证研究［J］，中央财经大学学报，2017（1）：11－20.

［140］张奇林，黄晓瑞．税收政策是否可以促进企业慈善捐赠探讨——基于2010年度深市主板上市公司数据分析［J］．现代财经（天津财经大学学报），2013.33（01）：39－46，59.

［141］张学勇，廖理．股权分置改革、自愿性信息披露与公司治理［J］．

经济研究，2010（4）：28 – 39.

[142] 张玉华，路军. 社会保险费率调整对企业用工成本的影响 [J]. 山东社会科学，2019（8）：165 – 171.

[143] 张泽南. 政治关联、管理者过度自信与成本粘性——基于创业板上市公司的经验证据 [J]. 财经论丛，2016（10）：67 – 75.

[144] 张志平，刘淼. 盈余管理动机与费用粘性——基于 2008—2014 年深沪 A 股上市公司的研究 [J]. 湖南商学院学报，2017（2）.

[145] 赵国宇，禹薇. 大股东股权制衡的公司治理效应——来自民营上市公司的证据 [J]. 外国经济与管理，2018（11）：60 – 72.

[146] 赵国宇. 大股东控股、报酬契约与合谋掏空——来自民营上市公司的经验证据 [J]. 外国经济与管理，2017，39（7）：105 – 117.

[147] 郑国坚，林东杰，张飞达. 大股东财务困境、掏空与公司治理的有效性——来自大股东财务数据的证据 [J]. 管理世界，2013（5）：157 – 168.

[148] 钟海燕，戚拥军. 终极控股股东卷入、两权分离与避税战略风格——来自我国民营上市公司的证据 [J]. 商业研究，2016（1）：167 – 173.

[149] 周兵，钟廷勇，徐辉，任政亮. 企业战略、管理者预期与成本粘性——基于中国上市公司经验证据 [J]. 会计研究，2016（7）：58 – 65，97.

[150] 周黎安，刘冲，厉行. 税收努力、征税机构与税收增长之谜 [J]. 经济学（季刊），2012，11（1）：1 – 18.

[151] 祝继高，王春飞. 大股东能有效控制管理层吗？——基于国美电器控制权争夺的案例研究 [J]. 管理世界，2012（4）：138 – 152，158.

[152] 左晶晶，唐跃军，眭悦. 第二类代理问题、大股东制衡与公司创新投资 [J]. 财经研究，2013（4）：38 – 47.

二、英文文献

[1] Allingham, Sandmo. Income Tax Evasion: A Theoretical Analysis [J]. Journal of Public Ecomomics, 1972（1）：323 – 338.

[2] Anderson M. , Banker R. , Huang R. , Janakiraman S. Cost Behavior and Fundamental Analyisis of SG&A Costs [J] . Journal of Accounting, Auditing and Finance, 2007 (22): 1 - 28.

[3] Anderson M. , Banker R. , Janakiraman S. Are Selling, General, and Administrative Costs Sticky [J] . Journal of Accounting Research. 2003, 41 (1): 47 - 63.

[4] Andrei Shleifer, Robert W. Vishny. Large Shareholders and Corporate Control [J] . The Journal of Political Economy, 1986, 94 (3): 461 - 488.

[5] Auerbach A. J. and K. Hassett. Tax Policy and Business Fixed Investment in the United States [J] . Journal of Public Economics, 1992, 47 (2): 141 - 170.

[6] Badertscher B. A. , Katz S. P. and Rego S. O. The Separation of Ownership and Control and Corporate Tax Avoidance [J] . Journal of Accounting and Economics, 2013, 56 (2): 228 - 250.

[7] Balsam S. and D. H. Ryan. Response to Tax Law Changes Involving the Deductibility of Executive Compensation: A Model Explaining Corporate Behavior [J]. Journal of the American Taxation Association, 1996, 18 (2): 1 - 12.

[8] Banker R. , Chen L. Predicting Earnings Using a Model Based on Cost Variability and Cost Stickiness [J] . The Accounting Review, 2006 (81): 285 - 307.

[9] Banker R. , Chen L. Labor Market Characteristics and Cross - Country Differences in Cost Stickiness [R] . Working Paper, 2006a.

[10] Banker R. , Ciftci M. , Mashruwala D. Managerial Optimism and Cost Behavior [R] . Working Paper, 2010.

[11] Banker R. and S. Datar. Sensitivity, Precision, and Linear Aggregation of Signals for Performance Evaluation [J] . Journal of Accounting Research, 1989 (27): 21 - 39.

[12] Banker R. D. , Byzalov D. , PlehnDujowich J. M. Sticky Cost Behavior: Theory and Evidence [R] . Working Paper, 2011.

[13] Barile L. Does Tax Evasion Affect Firms Control? Some Evidence from Ap-

proach [R] . Working Paper, 2012.

[14] Baron R. M. , Kenny D. A. The Moderator – mediator Variable Distinction in Social Psychological Research: Conceptual, Strategic and Statistical Considerations [J] . Journal of Personality and Social Psychology, 1986, (51): 1173 – 1182.

[15] Baxter N. D. Leverage, Risk of Ruin and the Cost of Capital [J] . Journal of Finance, 1967, 22 (3): 395 – 403.

[16] Berube C. , Mohnen P. Are Firms that Receive R&D Subsidies more Innovative? [J] . Canadian Journal of Economics, 2009, 42 (1): 206 – 225.

[17] Biddle G, G. Hilary and R. Verdi. How does Financial Reporting Quality Relate to Investment Efficiency [J] . Journal of Accounting and Economics, 2009 (48): 112 – 131.

[18] Biddle G. , G. Hilary. Accounting Quality and Firm Level Capital Investment [J] . The Accounting Review, 2006 (81): 963 – 982.

[19] Bradshaw M. T. , G. Liao and M. S. Ma. Ownership Structure and Tax Avoidance: Evidence from Agency Costs of State Ownership in China [C] . Available at SSRN 2239837, 2013.

[20] Brown J. R. , Fazzari S. M. , Petersen B. C. Financing Innovation and Growth: Cash Flow, External Equity, and the 1990s R&D Boom [J] . Journal of Finance, 2009, 64 (1): 151 – 185.

[21] Burkart M. , F. Panunzi. Agency Conflicts, Ownership Concentration, and Legal Shareholder Protection [J] . Journal of Financial Intermediation, 2006 (15): 1 – 31.

[22] Bushman R. M. , Indjejikian R. J. Accounting Income, Stock Price, and Managerial Compensation [J] . Journal of Accounting and Economics, 1993 (16): 3 – 23.

[23] Calleja K. , Steliaros M. , Thomas D. A Note on Cost Stickiness: Some International Compaines [J] . Management Accounting Research, 2006 (17):

127 - 140.

［24］Chen C. , Lu H. Managerial Empire Building, Corporate Governance, and the Asymmetric Behavior of Selling, General, and Administrative Costs ［R］. Working paper, 2008.

［25］Chen F. , O. K. Hope Q. Y. Li and X. Wang. Financial Reporting Quality and Investment Efficiency of Private Firms in Emerging Market ［J］. The accounting Review, 2011, 86 (4): 1255 - 1288.

［26］Chen K. P. and C. Y. C. Chu. Internal Control Versus External Manipulation: A Model of Corporate Income Tax Evasion ［J］. The Rand Journal of Economics, 2005, 36 (1): 151 - 164.

［27］Chen S. X. , Chen Q. , Cheng and T. , Shevlin. Are Family Firms More Tax Aggressive than Non - family Firms? ［J］. Journal of Financial Economics, 2010, 95 (1): 41 - 61.

［28］Clotfelter C. T. Tax Evasion and Tax Rates: An Analysis of Individual Returns ［J］. Review of Economics and Statistics, 1983, 65 (3): 363 - 373.

［29］Crocker K. , Slemrod. Corporate Tax Evasion with Agency Costs ［J］. Journal of Public Economics, 2005, 89 (9): 1593 - 1610.

［30］Daniel Kahneman, Amos Tversky. Prospect Theory: An Analysis of Decision under Risk ［J］, Econometrica, 1979, 3 (47 - 2): 263 - 292.

［31］DeAngelo H. , R. W. Masulis. Optimal Capital Structure under Corporate and Personal "taxation" ［J］. Journal of Financial Economics, 1980, 8 (1): 3 - 29.

［32］Desai M. A. , A. Dyck and L. Zingales. Theft and Taxes ［J］. Journal of Financial Economics, 2007, 84 (3): 591 - 623.

［33］Desai M. A. , D. Dharmapala. Corporate Tax Avoidance and Firm Value ［J］. The Review of Economics and Statistics, 2009, 91 (3): 537 - 546.

［34］Dierynck B. , Renders A. Earnings ManagementIncentives and the Asymmetric Behavior of Labor Costs ［R］. Working Paper, 2009.

[35] Dyreng S. D. , M. Hanlon and E. L. Maydew. Long – run Corporate Tax Avoidance [J] . The Accounting Review, 2008, 83 (1): 61 –82.

[36] Edgerton J. Investment Incentives and Corporate Tax Asymmetries [J]. Journal of Public Economics, 2011, 94 (11): 936 –952.

[37] Edwards A. , Schwab C, Shevlin T. Financial Constraints and the Incentive for Tax Planning [R], Working Paper, 2013.

[38] EL Ghouls, Guedhami O. , Kwokcc Y. , Mishra D. R. Does Corporate Social Responsibility Affect the Cost of Capital? [J] . Journal of Banking and Finance, 2011, 35 (9): 2388 –2406.

[39] Erickson M. , Hanlon M. , Maydew E. L. How much will Firms Pay for Earnings that do not Exist? Evidence of Taxes Paid on Allegedly Fraudulent Earnings [J] . Accounting Review, 2004, 79 (2): 387 –408.

[40] Fama E. , Jensen M. Separation of Ownership and Control [J] . Journal of Law and Economics, 1983, 26 (2): 301 –325.

[41] Friedman E. , Johnson S. , Mitton T. Propping and Tunneling [J]. Journal of Comparative Economics, 2003, 31 (4): 732 –750.

[42] Ghoul S. E. , O. Guedhami J. Pittman. The Role of IRS Monitoring in Equity Pricing in Public Firms [J] . Contemporary Accounting Research, 2011. 28 (2): 643 –674.

[43] Graham J. R. Taxes and Corporate Finance: A Review [J] . Review of Financial Studies, 2003, 16 (4): 1075 –1129.

[44] Griffith R. , Sandler D. , van Reenen J. Tax Incentives for R&D [J]. Fiscal Studies, 1995, 16 (2): 21 –44.

[45] Guedhami O. , J. Pittman. The Importance of IRS Monitoring to Debt Pricing in Private Firms [J] . Journal of Financial Economics, 2008 (90): 38 –58.

[46] Hall R. E. and Jorgenson D. W. Tax Policy and Investment Behavior: Reply and Further Results [J] . American Economic Review, 1969, 59 (3): 388 –401.

[47] Hall R. E. and Jorgenson D. W. Tax Policy and Investment Behavior [J] . The American Economic Review, 1967, 57 (3): 391 –414.

[48] Hanlon M. , Slemrod J. What does Tax Aggressiveness Signal? Evidence from Stock Price Reactions to News about Tax Shelter Involvement [J] . Journal of Public Economics, 2009, 93 (1): 126 –141.

[49] Hanlon M. , Heitzman S. A Review of Tax Research [J] . Journal of Accounting and Economics, 2010, 50 (2): 127 –178.

[50] Hanlon M. , L. Mills and J. Slemrod. An Empirical Examination of Corporate Tax Noncompliance [C] . In Taxing Corporate Income in the 21st Century, Cambridge University Press, 2007.

[51] Helen, Ann Kurt. Tax compliance: An Investigation using Individual Taxpayer Compliance Measurement Program (TCMP) Data [J] . Journal of Quantitative Criminology, 1993, 9 (2): 177 –202.

[52] Holmstrom B. Moral Hazard and Observability [J] . The Bell Journal of Economics, 1979 (10): 74 –91.

[53] Hoopes J. L. , D. Mescall and J. A. Pittman. Do IRS Audits Deter Corporate Tax Avoidance? [J] . The Accounting Review, 2012 (87): 1603 –1639.

[54] Hovakimian G. Determinants of Investment Cash flow Sensitivity [J]. Financial Management, 2009, 38 (1): 161 –183.

[55] J. Alm, B. Torgler. Do Ethics Matter? Tax Compliance and Morality [J]. Journal of Business, 2011, 7 (7): 635 –651.

[56] Jensen M. C. , Meckling W. Theory of the Firm: Managerial Behavior, Agency Costs and Ownership Structure [J] . Journal of Financial Economics, 1976 (4): 305 –360.

[57] Jensen Michael C. Agency Costs of Free Cash Flow, Corporate Finance, and Takeover [J], The American Economic Review, 1986. 76 (2): 323 –329.

[58] Jian M. , Wong T. J. , Propping through Related Party Transactiongs [J].

Review of Accounting Studies, 2010, 15 (1): 70 – 105.

[59] Johnson S. , R. La Porta F. Lopez – de – Silanes and A. Shleifer. Tunneling [J] . American Economic Review, 2000, 90 (2): 22 – 27.

[60] Jorgenson D. W. Capital Theory and Investment Behavior [J] . American Economic Review, 1963 (53): 247 – 259.

[61] Kahneman Tversky, Prospect Theory: An Analysis of Decision under Risk [J] . Econometrical, 1979 (47): 263 – 291.

[62] Kama I. , Weiss D. Do Managers' Deliberate Decisions Induce Sticky Costs? [R] . Working paper, 2010.

[63] Keen M. & Marchand M, Fiscal Competition and the Pattern of Public Spending [J] . Journal of Public Economics, 1997 (66): 33 – 53.

[64] Kim J. B. , Y. Li and L. Zhang. Corporate Tax Avoidance and Stock Price Crash Risk : Firm – level Analysis [J] . Journal of Financial Economics, 2011, 100 (3): 639 – 662.

[65] Klassen K. J. and A. Mawani. The impact of Financial and Tax Reporting Incentive on Option Crants to Canadian CEOs [J] . Contemporary Accounting Research 2000, 17 (2): 227 – 262.

[66] La Porta, R. , Lopez – de – Slianes F. , Shleifer A. and Vishny R. Agency Problems and Dividend Policies around World [J] . Journal of Finance, 2000 (55): 1 – 33.

[67] La Porta R. , Lopez – de – Silanes F. , Shleifer A. and Vishny R. Law and Finance [J] . Journal of Political Economy, 1998, 106 (6): 1113 – 1155.

[68] Law K. K. F. and L. F. Mills. Taxes and Financial Constraints: Evidence from Linguistic Cues [J] . Journal of Accounting Research, 2015, 53 (4): 777 – 819.

[69] Lin J. Y. , Monga C. Growth Identification and Facilitation: The Role of the State in the Dynamics of Structural Change [J] . Social Science Electronic Publishing,

2010, 29 (3): 259 – 310.

[70] Lin J. Y. Economic Development and Transition: Thought, Strategy, and Viability [M]. Cambridge: Cambridge University Press, 2009.

[71] Lotz J. R., E. R. Morss. Measuring Tax Effort in Developing Countries [J]. International Monetary Fund, 1967 (14): 478 – 499.

[72] Malmendler U., Tate G. CEO Overconfidence and Corporate Investment [J]. Journal of Finance, 2005. 60 (6): 2661 – 2700.

[73] Mertens J. Measuring Tax Effort in Central And Eastern Europe [J]. Public Finance and Management, 2003 (3): 530 – 563.

[74] Mironov M. Taxes, Theft, and Firm Performance [J], Journal of Finance, 2013, 68 (4): 1441 – 1472.

[75] Modigliani F., M. H. Miller. Corporate Income Taxes and the Cost of Capital: A Correction [J]. American Economic Review, 1963, 53 (3): 433 – 443.

[76] Myers S., N. Majluf. Corporate Financing and Investment Decisions When Firms Have Information that Investors do not Have [J]. Journal of Financial Economics, 1984, 13 (2): 187 – 221.

[77] Narayanan M. P. Managerial Incentives for Short – term Results [J]. Journal of Finance, 1985 (40): 1469 – 1484.

[78] Newlyn W. T. Measuring Tax Effort in Developing Countries [J]. The Journal of Development Studies, 2002, 21 (3): 391 – 405.

[79] Noreen E., Soderstrom N. The Accuracy of Proportional Cost Models: Evidence from Hospital Service Departments [J]. Review of Accounting Studies, 1997 (2): 89 – 114.

[80] Opler T. and S. Titman. Financial Distress and Corporate Performance [J]. Journal of Finance, 1994 (49): 1015 – 1040.

[81] Park Hyun. Examining the determinants of tax Compliance by experimental data: A case of Korea [J]. Journal of Policy Modeling, 2003 (25): 673 – 684.

［82］Phillips J. D. Corporate Tax – planning Effectiveness: The Role of Compensation – based Incentives ［J］. The Accounting Review, 2003, 78（3）: 847 – 874.

［83］Pound J. Proxy Contests and the Efficiency of Shareholder Oversight ［J］. Journal of Financial Economics. 1988, 20（88）: 237 – 265.

［84］Richard J. Rosen. Too Much Rights can Make a Wrong: Setting the Stage for the Financial Crisis ［R］. Federal Reserve Bank of Chicago, 2009（11）.

［85］Edgerton J. Investment Incentives and Corporate Tax Asymmetries ［J］. Journal of Public Economics, 2011, 94（11）: 936 – 952.

［86］Richardson S. Over – investment of Free Cash Flow ［J］. Review of Accounting Studies, 2006, 11（2 – 3）: 159 – 189.

［87］Richardson G. , R. Lanis and G. Taylor. Financial Distress, Outside Directors and Corporate Tax Aggressiveness Spanning the Global Financial Crisis: An Empirical Analysis ［J］. Journal of Banking & Finance, 2015, 52（3）: 112 – 129.

［88］Robert E. Hall, Dale W. Jorgenson. Tax Policy and Investment Behavior ［J］. American Economic Review, 1967（57）.

［89］Robert E. Hall, Dale W. Jorgenson. Tax Policy and Investment Behavior: Reply and Further Results ［J］. American Economic Review, 1969（59）.

［90］Russo B. A Cost Benefit Analysis of R&D Tax Incentives ［J］. Canadian Journal of Economics, 2004, 37（2）: 313 – 335.

［91］Shevlin T. , S. Porter. The Corporate Tax Comeback in 1987: Some Further Evidence ［J］. Journal of the American Taxation Association, 1992, 14（1）: 58 – 79.

［92］Shleifer A. , R. Vishny. Large Shareholders and Corporate Control ［J］. Journal of Political Economy, 1986（94）: 461 – 488.

［93］Tversky A. , Kahneman D. The Framing of Decisions and the Evaluation of Prospects ［J］. Studies in Logic and the Foundations of Mathematics, 1986, 114（1）.

［94］Weidenmier M. L. , Subramaniam C. Additional Evidence on the Sticky Behavior of Costs [R] . Working Paper, Texas Christian University, 2003.

[95] Weiss. Dan. Cost Behavior and Analysts' Earnings Forecasts [J] . The Accounting Review, 2010, 85 (4): 1441 – 1471.

[96] Wilson P. Efficiency in Education Production Among PISa Countries, with Emphasis on Transitioning Economies [R] . Working Paper, Department of Economics, University of Texas, 2005.

[97] Xu W. , Y. Zeng and J. Zhang. Tax Enforcement as a Corporate Governance Mechanism: Empirical Evidence from China [J] . Corporate Governance: An International Review, 2011, 19 (1): 25 – 40.

[98] Yafeh Y. Yosha. Large Shareholder & Banks: Who Monitors & how? [J]. Economics Journal, 2003 (1) .

[99] Yeh Y. H. , Woidtke T. Commitment or Entrenchment: Controlling Shareholders and Board Composition [J] . Journal of Banking and Finance, 2005, 29 (7): 1857 – 1885.

[100] Yitzhaki S. A Note on Income Tax Evasion: A Theoretical Analysis [J]. Journal of Public Economics, 1974 (3): 201 – 202.

[101] Zhang M. , Gao S. H. , Guan X. J. , et al. Controlling Shareholder – manager Collusion and Tunneling: Evidence from China [J] . Corporate Governance: An International Review, 2014, 22 (6): 440 – 459.

[102] Zwick E. and Mahon J. Tax Policy and Heterogeneous Investment Behavior [J] . American Economic Review, 2017 (1): 217 – 248.

附录 税收改革相关法律法规

［1］《财政部 国家税务总局关于公益股权捐赠企业所得税政策问题的通知》（财税〔2016〕45 号），中华人民共和国财政部文告，2016 年。

［2］财政部、国家税务总局：《财政部、国家税务总局关于广告费和业务宣传费支出税前扣除政策的通知》（财税〔2012〕48 号）。

［3］《国务院关于印发所得税收入分享改革方案的通知》（国发〔2001〕37 号），中华人民共和国中央人民政府，2001 年。

［4］《企业所得税法实施条例释义及适用指南》。

［5］《新企业所得税法规汇编》。

［6］《国务院关于实施企业所得税过渡优惠政策的通知》（国发〔2007〕39 号），2007 年 12 月 26 日。

［7］国务院关于实行分税制财政管理体制的决定（国发〔1993〕第 85 号），1993 年 12 月 15 日。

［8］《财政部关于进一步认真贯彻落实国务院〈关于纠正地方自行制定税收先征后返政策的通知〉》（财税〔2000〕99 号），中华人民共和国财政部文告，2000 年。

［9］《中华人民共和国企业所得税法》（中华人民共和国主席令第六十三号）。

［10］《财政部 国家税务总局关于印发〈企业所得税若干政策问题的规定〉

的通知》（财税字〔1994〕9 号），《中华人民共和国企业所得税法》。

[11] 2001 年 4 月 28 日，第九届全国人民代表大会常务委员会第二十一次会议通过《修改〈中华人民共和国税收征收管理法〉的决定》并将修订后的《中华人民共和国税收征收管理法》以第四十九号主席令公布施行。

[12]《中华人民共和国外商投资企业和外国企业所得税法》。

[13]《企业会计准则第 6 号——无形资产（2006）》（财会〔2006〕3 号），2006 年 2 月 15 日。

[14]《财政部国家税务总局关于调整企业所得税工资支出税前扣除政策的通知》（财税〔2006〕126 号），2006 年 9 月 1 日。

[15]《中华人民共和国企业所得税法实施条例》（中华人民共和国国务院令第 512 号）。

[16]《国家税务总局关于调整企业所得税计税工资政策具体实施有关问题的通知》（国税发〔2006〕137 号），2009 年 9 月 1 日。

[17]《财政部　国家税务总局联合发布〈关于完善固定资产加速折旧企业所得税政策的通知〉》（财税〔2014〕75 号），2014 年 10 月 20 日。

[18]《中华人民共和国慈善法》（主席令第四十三号），2016 年 3 月 19 日。

[19] 国务院总理李克强 2017 年 3 月 5 日在第十二届全国人民代表大会第五次会议上作的《2017 年政府工作报告》。

致　谢

　　本书是在我博士论文的基础上完成的。在本书付印之际，首先要深深感谢恩师孙茂竹教授对我的精心栽培。恩师不嫌我资质愚笨，宽容地接受我为学生，使我有机会进入中国人民大学商学院这座博大精深的知识殿堂，有幸在多位良师益友的帮助下进行财务学学术研究。多年来，恩师以渊博的知识、敏捷的思维、高深的造诣，教会做人、做事、做学问的道理，在专业学习、论文修改中，恩师孜孜不倦地点拨、教诲、帮助，为我获得知识、开阔视野、积累经验提供了最好的帮助。在撰写过程中倾注了恩师大量的心血。恩师的帮助和殷殷期望令我深深感念。感谢师母对我生活上关爱的叮嘱和悉心的帮助。师恩难表！

　　感谢王化成教授多年来对我的悉心指导和谆谆教诲。王老师在财务学方面的造诣在国内财务学界首屈一指。在财务学理论课堂中，王老师将财务理论与应用实践紧密结合，将学术研究扎根于中国本土领域的理念深深地影响着我，在学术指导中多次帮助我，使我在本书写作中少走了许多弯路，受益匪浅。

　　感谢支晓强教授在文献梳理方面给予的悉心指导和宝贵意见。支老师对财务学文献的熟悉和驾驭能力、对学生们谆谆不倦的教诲让我们印象深刻，他的诸多指导为本书的写作积累了信心和经验。支老师对我论文选题诸多严谨性、启发性的指点，让我受益颇深。

　　感谢我的博士论文开题报告委员会和预答辩委员会成员况伟大教授、孟庆斌教授、张志强副教授、郑玲玲副教授和陈俊老师提出的宝贵意见和建议,特别感谢况伟大教授给我指出论文研究中存在的问题和不足,并针对问题逐一提出修订意见。在严谨指导的背后是您对学生真挚的鼓励和帮助,在此向况老师表示最诚挚的谢意。

感谢姜付秀教授、许年行教授在文献阅读、学术选题和论文写作方面的悉心指导。感谢张敏教授在研究方法和学术技巧方面的倾囊相授。各位老师深厚的学识、严谨的治学和谦和的为人让我深深折服。感谢马玉阳老师在学业发展方面提供的诸多指导和帮助。

论文的完成得到了同门和同班同学的诸多帮助、关心和鼓励。感谢方心童、刘牧苑、徐凯、孙杰、宋迪、林黛西等在论文写作讨论中为我提供的帮助。同门情谊,弥足珍贵!感谢同窗好友汪猛、彭效冉给予我手足般的支持与关心。感谢马云彪、王鑫斌等各位同学在研究方法方面给予我的帮助。忘不了财会博士班同学们的每次欢聚和交流,更忘不了同学们之间最真挚的情谊。

特别感谢我的同事们,在我博士求学和论文写作期间对我的大力支持和诸多帮助。感谢山东建筑大学商学院诸位领导和办公室老师们对我的关怀和帮助,为我求学和论文写作提供机会和时间支持。感谢教研室老师们在教学和科研工作中对我的全力帮助和鼓励。特别感谢陈健教授和王彦勇副教授为我论文写作提供的研究方法和模型构建方面的帮助和指导。你们的帮助不仅助力我完成论文写作,更让我在求学和工作中感到温暖!

论文完成之际,深深地感谢我的父母,父母对我的爱和殷殷期盼是我不断前行的最大信念。谢谢我的丈夫,在我求学和论文写作期间,承担起照顾一家老小的诸多事务。谢谢我亲爱的儿子,每每在我工作、写作劳累之际,你稚嫩的小手锤敲在妈妈的肩膀,你那句句"妈妈辛苦了,休息一下"的甜美声音,都给我的心田以浓浓的温暖和充足的动力,衷心地祝愿你健康快乐地成长!谢谢我的妹妹,感谢你时常陪伴在父母身旁,对我全力支持和爱护。家人的健康、平安开心,是我此生最大的幸福!

本书的出版得到了山东建筑大学博士基金的资助，在此向山东建筑大学表示衷心的感谢！同时，也特别感谢山东省高校人文社科基金项目（J18RA110）对本书的资助。

张玉华

2021 年 6 月修订于建大花园